Thomas Driendl

Was Sie über Turnarounds wissen müssen

TM BÖRSENVERLAG AG
seit 1987
www.boersenverlag.de
BÖRSENVERLAG

Bibliografische Information der Deutschen Bibliothek:

Die Deutsche Bibliothek verzeichnet diese Publikation in der Deutschen Nationalbibliografie; detaillierte bibliografische Daten sind im Internet über http://dnb.ddb.de abrufbar.

TM Börsenverlag AG
Dr.-Steinbeißer-Straße 10, 83026 Rosenheim
Telefon: 0 80 31/20 33 -0, Telefax: 0 80 31/20 33 30

Internet: www.boersenverlag.de

1. Auflage November 2012
2. Auflage August 2013
3. Auflage März 2015
4. Auflage Mai 2017

ISBN 978-3-930851-80-5

Printed in Germany

Inhaltsverzeichnis

1. Einleitung 7

2. Turnaround-Strategien von Börsenlegenden 11

2.1. Benjamin Graham und die Sicherheitsmarge 12

2.2. Warren Buffett – der Meister des Value-Investing! 15

2.3. Sir John Templeton – der geniale Stock Picker! 17

2.4 André Kostolany und die Börsenpsychologie 20

3. Historische Turnarounds 27

3.1. Puma 28

Eine deutsche Nachkriegs-Erfolgsstory 28

Börsengang und Abstieg 29

Der fulminante Turnaround 31

3.2. McDonald’s 32

Die Geburtsstunde einer weltumspannenden Idee 33

Der Imageverlust 34

Der „Plan to Win” und das fulminante Comeback 35

3.3. Starbucks 36

Eine Idee erobert die Welt 37

Der Preis des Wachstums 37

Vom Absteiger zur Kursrakete 39

3.4. Apple 40

Die Anfänge in Steve Jobs’ Garage 41

Vom Börsengang bis zu Steve Jobs‘ Abgang 43

Apples erster Turnaround nach dem Showdown zwischen Jobs und Sculley 44

Turnaround Nummer zwei: das Comeback von Steve Jobs 46

Das Platzen der Dotcom-Blase und der dritte Turnaround von Apple 49
Mit iPhone und iPad zum vierten Turnaround 51

4. Turnarounds erkennen – Die Fundamentale Aktienanalyse 53
4.1. Aktienanalyse als Teilbereich der Wertpapieranalyse 54
4.2. Ziel und Arten fundamentaler Aktienanalyse 55
4.3. Geschäftsberichte als Informationsfundus für die Unternehmensanalyse 58
4.3.1. Finger weg von Aktien aus Open Market und Entry Standard 58
4.3.2. Die Bilanz 60
4.3.3. Die Gewinn- und Verlustrechnung (GuV) 62
4.3.4. Anhang und Lagebericht 63
4.3.5. Geschäftsberichte richtig lesen und interpretieren....64
4.3.6. Warum Aktualität so wichtig ist 66
4.4. Die wichtigsten Finanzkennzahlen aus der Bilanz......66
4.4.1. Bilanzsumme 70
4.4.2. Eigenkapital und Eigenkapitalquote 71
4.4.3. Fremdkapital, Fremdkapitalquote und Verschuldungsgrad 73
4.4.4. Liquiditätskennziffern 74
4.4.5. Buchwert und Marktwert 77
4.5. Die wichtigsten Finanzkennzahlen aus der GuV 78
4.5.1. Umsatz und Erlöse 80
4.5.2. Abschreibungen und Wertberichtigungen 80
4.5.3. Gewinnbegriffe 81
4.5.4. Cashflow 84
4.5.5. Umsatzrendite 87
4.5.6. Eigenkapitalrendite und Leverage Effekt 88
4.6. Die wichtigsten Kennziffern zur Aktienbewertung......89
4.6.1 Kurs-Gewinn-Verhältnis (KGV) 90

4.6.2. Kurs-Gewinnwachstums-Verhältnis (PEG) ... 91
4.6.3. Kurs-Umsatz-Verhältnis (KUV) ... 91
4.6.4. Kurs-Buchwert-Verhältnis (KBV) ... 92
4.6.5. Ausschüttungsquote und Dividendenrendite ... 93
4.7. Die Ermittlung des fairen Wertes einer Aktie ... 95
4.8. Qualitative Faktoren ... 101
4.9. Branchen- und Konjunkturanalyse ... 103

5. Kauftiming und Risikomanagement ... 105
5.1. Grundannahmen und Grundregeln der Technischen Analyse ... 106
5.2. Darstellung von Kursverläufen in Charts ... 108
5.3. Trend(umkehr)analyse ... 109
5.3.1. Unterstützung und Widerstand ... 109
5.3.2. Trendgeraden und Trendkanäle ... 110
5.3.3. Trendumkehr-Formationen ... 112
Inverse Schulter-Kopf-Schulter-Formation ... 112
V-Formation ... 113
Mehrfachtiefs ... 114
Untertassen oder Rounding Bottom ... 115
5.3.4. Die 200-Tage-Linie ... 115
5.4. Risikominimierung und Gewinnrealisierung per Stop-Loss-Strategie ... 117

6. Fazit ... 120

Literatur ... 123

Register ... 125

1. Einleitung

Der Begriff Turnaround kommt aus dem Englischen und bedeutet so viel wie Umschwung bzw. Richtungsänderung. In der Wirtschaft wird generell von einem Turnaround gesprochen, wenn eine Phase stagnierenden oder schrumpfenden Wachstums, also eine Rezession oder sogar Depression, in einen (Wieder-)-Aufschwung mündet. Ausgangspunkt für einen Turnaround bildet also immer eine Krise. Dieser aus dem Altgriechischen stammende Ausdruck (κρίσις krísis) bedeutete ursprünglich „Meinung“, „Beurteilung“, „Entscheidung“. Im Laufe der Zeit wurde es gebräuchlich, mit „Krisis“ oder „Krise“ eine Situation zu bezeichnen, die den entscheidenden Wendepunkt einer gefährlichen Entwicklung darstellt. Auch das Wort „Kritik“ und das daraus abgeleitete Adjektiv „kritisch“ gehen auf die selbe Sprachwurzel zurück.

Das chinesische Wort für Krise besteht aus den zwei Schriftzeichen wēi (Gefahr) und jī (wichtiger Zeitpunkt; Gelegenheit/Chance). Aufgrund dieser Mehrdeutigkeit des zusammengesetzten Begriffs wird immer wieder die Behauptung aufgestellt, die Chinesen würden für Krise und Chance das gleiche Schriftzeichen verwenden. Wenngleich diese angebliche chinesische Weisheit aus sprachwissenschaftlicher Sicht nicht ganz korrekt sein dürfte, zumal es sich bei wēijī eigentlich um eine japanische Wortschöpfung handelt, so steckt inhaltlich doch ein wahrer Kern darin. Denn gerade wenn eine Situation schier aussichtslos zu sein scheint, wachsen Menschen oft über sich hinaus und führen dadurch die entscheidende Wende zum Positiven, also den Turnaround, herbei.

Auch Unternehmen geraten von Zeit zu Zeit in Schwierigkeiten, wobei die Ursachen vielfältig sind. Der Bogen reicht von konjunkturellen Einflüssen über neue Konkurrenten bzw. Konkurrenzprodukte, technologischen Wandel, Kostensteigerungen bis hin zu Managementfehlern und strukturellen Problemen. Dadurch können selbst Top-Unternehmen oder sogar Weltmarktführer zwischenzeitlich ins Trudeln kommen. Dieser Weg führt aber nicht zwangsläufig in die Insolvenz. Vielmehr nützen Unternehmen solche Krisen als Chance und leiten Gegenmaßnahmen ein. Diese bestehen zum Beispiel in Effizienzsteigerungen, Kostensenkungsprogrammen, Verschlankung von Strukturen, neuen Produkten, neuen Managern oder strategischen Allianzen. Vom fundamentalen Turnaround wird dann gesprochen, wenn es gelingt, nach einer oder mehreren Perioden mit bilanziellen Verlusten wieder Gewinne einzufahren. Gemeint ist also auch in diesem Zusammenhang immer eine Trendwende vom Negativen ins Positive. Das bedeutet an der Börse:

Aktien von Unternehmen, die aus den verschiedensten Gründen in eine Krise geraten, werden an der Börse hart abgestraft. Die Nachrichten sind meist negativ, weshalb diese Titel total out sind und von der breiten Anlegermasse gemieden werden. Auch die Analysteneinschätzungen fallen überwiegend katastrophal aus, zumal die vergangenen bzw. aktuellen Geschäftsergebnisse in die Zukunft fortgeschrieben werden. Entsprechend ausgebombt sind die Notierungen von Turnaround-Aktien. Doch wenn diese auf Schnäppchenniveau gehandelten

Turnaround-Werte den Aufwärtsdreh schaffen, dann eröffnen sich beim Anlauf auf die vorangegangenen Höchststände enorme Gewinnchancen. Rechnen wir:

Kurs *vor* dem Absturz	Kursverlust in		Kurs *nach* dem Absturz	Turnaround-Gewinnpotenzial in	
	Euro	%		Euro	%
100	50	50 %	50	50	100 %
100	60	60 %	40	60	150 %
100	70	70 %	30	70	233 %
100	80	80 %	20	80	400 %
100	90	90 %	10	90	900 %

Hat der Kurs einer Aktie 50% verloren, so beträgt das Aufholpotenzial bis zum vorangegangenen Kursniveau 100%. Bei Kursverlusten von 70% errechnet sich sogar die Chance auf 233% Kursgewinn. Wurde eine Aktie um 90% abgestraft, ist bis zum Ausgangs-Kursniveau sogar eine Verzehnfachung des Kapitaleinsatzes (+900%) möglich!

Dabei handelt es sich keineswegs nur um Zahlenspielereien, sondern die Rechnungen basieren auf einem realen Hintergrund. Denn in der Geschichte gibt es zahlreiche prominente Beispiele von Aktien, die beim Turnaround ein wahres Kursfeuerwerk aufs Börsenparkett gelegt haben. Im vorliegenden Buch möchte ich Ihnen zeigen, welche Gewinne mit Turnaround-Aktien zu erzielen sind, wie Sie Turnarounds identifizieren und welche Strategien langfristig zum Erfolg führen.

2. Turnaround-Strategien von Börsenlegenden

Angesichts der immensen Gewinnchancen üben Turnaround-Aktien seit jeher eine ungeheure Faszination aus. So haben zahlreiche legendäre Investoren erkannt, dass es an der Börse oft Sinn ergibt, gegen den Strom zu schwimmen und das Gegenteil von der breiten Anlegermasse zu tun. Humphrey B. Neill meinte beispielsweise in dem 1954 erschienenen Buch „The Art of Contrary Thinking“: „Wenn jeder das Gleiche denkt, liegen mit hoher Wahrscheinlichkeit alle schief.“ Als Beispiele dafür führte der Wall Street-Journalist die Tulpenspekulation im 17. Jahrhundert in Holland, die Missisipi-Spekulation von John Law in Frankreich und die Südsee-Spekulation in England an. In allen Fällen wurden durch gleichgerichtetes Handeln Exzesse verursacht, die letztlich im Platzen der Blasen und damit im finanziellen Desaster endeten. Das Gleiche gilt analog dazu für Übertreibungen nach unten, wobei sich nach Börsencrashs immer wieder herausragende Kaufgelegenheiten eröffnen, weil solche massenpsychologischen Phänomene meist mächtige Gegenbewegungen einleiten. Anstatt den Kursen egal in welcher Richtung hinterherzulaufen, erscheint es also am Profitabelsten, derartige Börsenexzesse richtig zu deuten und die Umkehrpunkte zu erkennen. Ziel sollte es also sein, Aktien zu Tiefstkursen zu kaufen und zu Höchstkursen zu verkaufen. Doch das gelingt an der Börse bekanntlich nur Lügnern, wie

Bernard Baruch einmal trefflich feststellte. Daher ist es sinnvoller, bewährte Analysemethoden und Strategien anzuwenden, um den Wendepunkten möglichst nahe zu kommen. In diesem Kapitel stelle ich Ihnen vor, welche Gedanken, Überlegungen und Vorgangsweisen die Börsenlegenden Benjamin Graham, Warren Buffett, Sir John Templeton sowie André Kostolany speziell im Hinblick auf Turnaround-Aktien entwickelt haben.

2.1. Benjamin Graham und die Sicherheitsmarge

Benjamin Graham (1884-1976) legte in dem gemeinsam mit David L. Dodd verfassten und 1934 erschienenen Buch „Security Analysis“ den Grundstein für die fundamentale Aktienanalyse. Darin wurde erstmals zwischen Investition und Spekulation unterschieden und die analytische Einschätzung von Aktien auf ein solides Fundament aus Unternehmenszahlen gestellt. Demzufolge muss ein Investment nach sorgfältiger Analyse den Kapitalerhalt sicherstellen und eine zufrieden stellende Rendite versprechen. Alles andere würde in den Bereich der Spekulation fallen.

Um diese einleuchtende Erkenntnis, bei der die Risikominimierung stets im Vordergrund steht, umzusetzen, muss ein Investor durch Analyse, Bewertung und Interpretation aller Bilanzpositionen zuerst den fairen Wert eines Investments ermitteln. Dieser „intrinsic value“ (innerer oder fairer Wert) entspricht dem Wert, den ein Unternehmen für einen privaten Investor darstellt. Darunter fallen alle Vermögensgegenstände einer Firma, aber auch alle künftigen Gewinne und Dividendenzahlungen. Im Minimum ist ein Unternehmen so viel wert wie der Betrag, der bei einer Liquidierung des Betriebes erzielt werden könnte.

Benjamin Graham bevorzugte bei der Analyse von Unternehmen die Bilanz als erste und wichtigste Informationsquelle. Mithilfe der Vermögensaufstellung – einem von Graham entwickelten Investmentansatz – lassen sich auch die sogenannten Net-Nets finden. Das sind Firmen, deren Wert des Umlaufvermögens (also Bargeld, Inventar, Kundenforderungen) abzüglich aller Verbindlichkeiten größer ist, als die Börsenbewertung. Heute wird von Value-Investoren und Graham-Schülern wie Warren Buffett der faire Wert von der Ertragskraft, also von den Gewinnen, die das Unternehmen dauerhaft erzielen kann, abgeleitetet.

Im nächsten Schritt wird der faire Wert mit der Börsenbewertung, also dem Aktienkurs verglichen. Dahinter steckt die Annahme, dass es an den Wertpapiermärkten immer wieder zu Übertreibungen kommt. Graham nutzte zur Illustration den „Mister Market", der täglich an die Haustüren klopft um Aktien zum Kauf anzubieten. Dabei handelt es sich um einen sehr emotionalen Herrn, der manchmal übertrieben optimistisch ist, vielleicht so wie die netten Verkäufer, die gelegentlich an die Tür klingeln, um einen neuen, sensationellen Staubsauger anzubieten. An anderen Tagen schlurft Mister Market eher wie der Teenager herum, der die Werbeprospekte austrägt. Entsprechend fallen die Kurse aus, die Mister Market für die Aktien zu bieten hat.

Warum das so ist, erklärt sich aus der menschlichen Psyche. Wir alle werden zumindest zeitweise durch Gier und Furcht beeinflusst. Außerdem neigen Menschen dazu, mit der Herde mitzulaufen, ganz gleich in welche Richtung. Dabei werden emotional getroffene Entscheidungen oft nicht als solche erkannt, sondern nachträglich rational begründet.

Intelligente Investoren greifen jedoch dann zu, wenn am Markt Weltuntergangsstimmung herrscht und Aktien zu Ausverkaufspreisen geboten werden. Nach dem wertorientierten Konzept von Benjamin Graham sind Aktienkäufe erst dann gerechtfertigt, wenn diese mindestens 30% unter dem fairen Wert gehandelt werden. Wird beispielsweise für ein Unternehmen ein intrinsischer Wert von 100 je Aktie errechnet und der Börsenkurs notiert bei 60, dann errechnet sich eine Differenz von 40. Das entspricht einer Sicherheitsmarge („Margin of Safety") von 40%. Mit dieser Vorgangsweise hielt Graham also gezielt Ausschau nach Aktien, die weit unter dem wahren Wert gehandelt werden. Seine Devise lautete: „Zahle nur 50 Cent für einen Dollar."

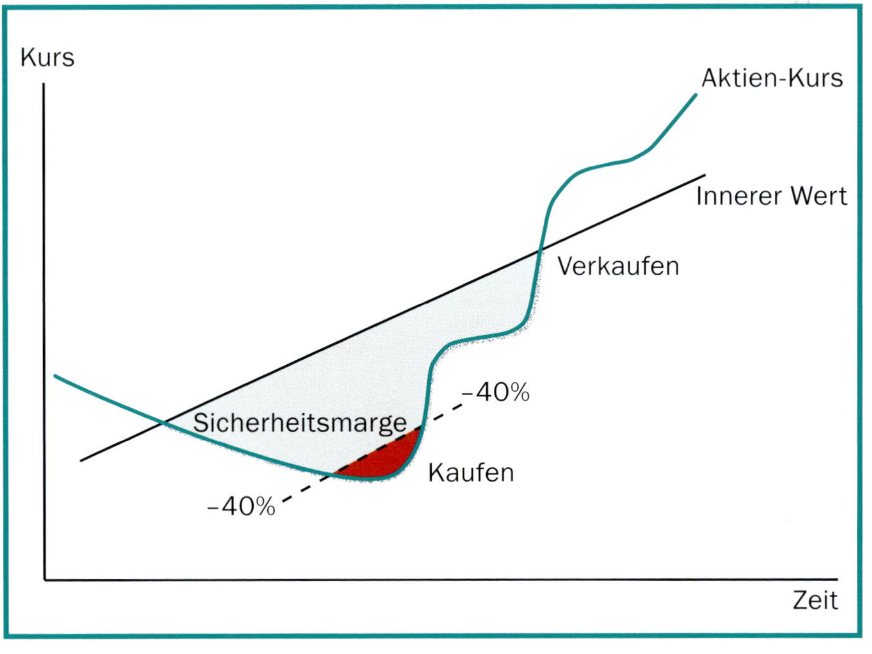

2.2. Warren Buffett – der Meister des Value-Investing!

Der 1930 in Omaha, Nebraska, geborene Warren Buffett ist wohl der personifizierte Inbegriff des amerikanischen Traums. Denn der Zeitungsjunge und Golf-Caddy von einst entwickelte sich zum Multimilliardär und zeitweise sogar reichsten Menschen der Welt. Als „Warren Buffett Superstar“ könnte der Superinvestor wohl am besten beschrieben werden, zumal mittlerweile jährlich rund 40.000 Aktionäre zur Hauptversammlung seiner Investment-Holding Berkshire Hathaway pilgern.

Den entscheidenden Impuls für die Karriere als Value-Investor par excellence erhielt der junge Warren Buffett während des Wirtschaftsstudiums an der University of Columbia. Vor allem die Lektüre des Buches „The Intelligent Investor“ seines Lehrmeisters Benjamin Graham brachte ihn auf die richtige Fährte. Später selbst zur Börsenlegende geworden meinte Buffett: „Ich las unzählig Bücher zum Thema Geldanlage, und sie waren im Grunde Mumbo Jumbo, Hokuspokus. Erst bei ‚The Intelligent Investor' war es, als sähe ich Licht in der Dunkelheit. Zuvor habe ich mit dem Bauch und nicht mit dem Kopf investiert. Außer meinem Vater hat sicher kein anderer Mensch mein Geschäftsleben derart beeinflusst wie Benjamin Graham.“

Durch die strikte Anwendung der von Benjamin Graham aufgestellten Regeln erzielte Warren Buffett von Beginn an sagenhafte Erfolge. So wurde das Anfangskapital der 1956 gegründeten Buffett Partnership von 105.000 Dollar binnen drei Jahren vervierfacht. Bis 1965 war das Vermögen sogar auf mehr als 35 Millionen angewachsen. Dieses Kapital nutzte das Investmentgenie dann zum Kauf der Textilfirma Berkshire Hathaway für

7,50 Dollar je Aktie. In der Folge verwandelte Warren Buffett das marode Unternehmen zu einer Investmentholding.

Buffett ging dabei zunächst ganz streng nach den Grundsätzen seines Lehrmeisters Benjamin Graham vor und suchte gezielt nach Möglichkeiten, in unterbewertete Unternehmen zu investieren. Später flossen auch die Erkenntnisse von Philip Fisher in Buffetts Überlegungen mit ein. Dessen 1958 verfasstes Buch „Common Stocks and Uncommon Profits“ (im TM Börsenverlag erschienen unter dem Titel „Die Profi-Investment-Strategie“) gilt als Gegenpol zu Grahams „The Intelligent Investor“. Denn Philip Fisher hielt diejenigen Unternehmen im Börsenuniversum für aussichtsreich, die ein großartiges Management, einen strategischen Wettbewerbsvorteil und viel Wachstumsspielraum vorzuweisen hatten. War die Firma zudem finanziell gut ausgestattet und glänzte sowohl mit einer hervorragenden Forschungs- und Entwicklungsabteilung als auch mit einem ausgezeichneten Vertrieb, griff er zu. Die Marktbewertung war von untergeordneter Bedeutung, die Prinzipien Langfristigkeit und Qualität standen im Vordergrund. Dennoch blieb Buffett ein Schnäppchenjäger im Sinne Grahams und bezeichnete seine eigene Strategie als „85 Prozent Graham und 15 Prozent Fisher“.

Buffetts Investmententscheidungen beruhen stets auf intensiver Fundamentalanalyse. Dafür durchforstet der Value-Investor die Geschäftsberichte der infrage kommenden Unternehmen und vergleicht die Bilanzen mit denen der Konkurrenz, um den inneren Wert zu ermitteln. Dieser zentrale Punkt scheint sehr einleuchtend und einfach zu sein, doch Buffett selbst gibt zu bedenken: „In meinen Augen ist die Ermittlung des inneren Wertes der einzige sinnvolle Ansatz, um Unternehmen und das Geschäft, das dahinter steht, zu bewerten. Die Definition ist einfach. Der innere Wert ist der diskontierte Wert aller Barmittel, also aller zukünftigen Gewinne, die ein Unternehmen in seinem Lebenszyklus abwirft. Die Ermittlung ist dagegen schwieriger. Denn der innere Wert ändert sich nämlich mit Zinsentwicklung und Ertragserwartungen. Deshalb können zwei Anleger, die dieselben Fakten kennen, auf unterschiedliche Ergebnisse kommen. Doch ist es besser, ziemlich richtig als exakt falsch zu liegen."

Dass Buffett zum überwiegenden Teil ziemlich richtig lag, zeigt die Wertentwicklung seiner Investmentholding. So kletterte der Aktienkurs von Berkshire Hathaway von 7,50 Dollar im Jahr 1965 auf 249.000 Dollar im Dezember 2016. Das entspricht durchschnittlichen Wertsteigerungen von 23% pro Jahr. Damit wurde der S&P500 mit 6,5% p.a. um das Dreieinhalbfache outperformt!

Für Warren Buffett muss auf jeden Fall die Qualität eines Investment stimmen, vor allem aber der Preis. Denn ein Unternehmen kann noch so toll sein, wenn dafür ein zu hoher Preis bezahlt wird, kann mit diesem Investment keine zufriedenstellende Rendite erzielt werden. Im Einkauf liegt also der Gewinn, weshalb Buffett in bester Schnäppchenjäger-Manier stets dann kauft, sobald er nach eingehender Recherche und Analyse zum Schluss gelangt, dass etwas deutlich unter Wert zu bekommen ist.

2.3. Sir John Templeton – der geniale Stock Picker!

„Die Suche nach einem guten Investment ist nichts anderes als die Suche nach einem Sonderangebot". Diese Aussage stammt von Sir John Marks Templeton (1912-2008), der als Fondslegende in die Börsengeschichte einging. So war der 1954 aus der Taufe gehobene Templeton Growth Fund einer der ersten international ausgerichteten Aktienfonds. Bis zum Verkauf an den Konkurrenten Franklin Group 1992 erzielte der Fondspionier im Schnitt jährliche Jahresrenditen von 14,5%. Damit wurde der S&P500, der im gleichen Zeitraum auf eine mittlere Jahresrendite von 7,6% kam, fast um das Doppelte outperformt.

Das Erfolgsrezept von Templeton lag in der quantitativen Analyse der nackten Unternehmenszahlen, wobei konsequent niedrig bewertete Aktien gesucht wurden. Dabei schätzte Templeton selbst die Ergebnisse der nächsten fünf bis zehn Jahre, bewertete die Unternehmen neu und kam zu ganz anderen Schlussfolgerungen als die breite Anlegermasse. Seine Devise lautete: „Kaufe nicht das, was andere Kaufen. Kaufe das, was andere wegwerfen.“ Damit kann Sir John Templeton als Vorbild für jeden Turnaround-Trader gelten.

Tatsächlich war Templeton ein langfristig orientierter Investor, der mit Ausdauer und Geduld, jedoch auch außerordentlicher Akribie zum geachteten Börsenstar aufstieg. Das Anlegermagazin „Money“ bezeichnete ihn 1999 sogar als „wohl besten globalen Stock Picker des Jahrhunderts“. Die Fondslegende konzentrierte sich bei den Investments auf Staaten, Branchen sowie Unternehmen, die stark unter Druck standen, und stieg ein, wenn der „Punkt des maximalen Pessimismus“ erreicht war. Folgende Maximen mit Originalzitaten von Sir John Templeton (unter Anführungszeichen) gelten uneingeschränkt für Investments in Turnaround-Aktien:

I. Nach dem höchstmöglichen Profit streben, wobei die Suche nach günstigen Anlagemöglichkeiten im Vordergrund steht. Dabei gilt: „Die besten Schnäppchen sind die Aktien mit den niedrigsten Preisen in Relation zu ihrer möglichen Einkommenskraft in zukünftigen Jahren."

II. Risiko streuen, denn: „Der einzige Investor, der nicht diversifizieren sollte, ist derjenige, der immer zu 100 Prozent richtig liegt!"

III. Für Neues offen sein: „Bleiben Sie flexibel, aufgeschlossen und kritisch. Nur derjenige, der von gängigen zu unpopulären Wertpapieren und Auswahlmethoden wechselt, wird auch langfristige Spitzenergebnisse erzielen."

IV. Nicht der breiten Masse folgen. „Man kann keine überdurchschnittlichen Renditen erreichen, wenn man nicht anders handelt als die Mehrheit. Wer die gleichen Aktien kauft, wie alle anderen, hat auch die gleiche Performance."

V. Das Populäre meiden. Sobald irgendwelche Branchen, Aktien oder Auswahlmethoden in Mode kommen, ist höchste Vorsicht angebracht.

VI. Die Geschichte wiederholt sich. Baisse-Märkte sind zeitlich beschränkt – Hausse-Märkte allerdings auch. Für gewöhnlich steigen Aktienkurse schon ein bis zwölf Monate, bevor der Konjunkturzyklus den Tiefpunkt erreicht. Umgekehrt verhält es sich genauso. Dabei zu bedenken: „Die fünf gefährlichsten Worte beim Investieren sind: ‚Dieses Mal ist alles anders.'"

VII. In pessimistischen Phasen kaufen. „Die Hausse entsteht aus dem Pessimismus, wächst mit der Skepsis, reift durch

Optimismus heran und stirbt in der Euphorie. Hat der Pessimismus sein Höchstmaß erreicht, so ist es Zeit zu kaufen, und herrscht maximaler Optimismus, so verkauft man am besten."

VIII. Aus Fehlern lernen und Schaden begrenzen. Jeder kann Fehler machen, es gilt aber, sich das einzugestehen und rechtzeitig die Konsequenzen daraus zu ziehen. „Wichtig ist, dass Sie öfter recht haben, als sich zu irren. Wenn Sie recht haben, sollten Sie sehr recht haben, wenigstens von Zeit zu Zeit. Und wenn Sie sich irren, dann sollten Sie das erkennen, bevor Sie sich sehr irren."

IX. Werte und Chancen erkennen. „Sie können auf dem Aktienmarkt nur dann ein Schnäppchen machen, wenn Sie das kaufen, was die meisten Anleger verkaufen."

X. Weltweit suchen. Wer weltweit sucht, wird auch mehr und bessere Schnäppchen finden als der, der seine Suche nur auf ein Land konzentriert. Gleichzeitig wird dadurch das Risiko auf verschiedene Wirtschafts- und Währungsräume gestreut.

XI. Ehrlich zugeben: Niemand weiß alles. „Ein Investor, der glaubt, alle Antworten zu kennen, hat meist nicht einmal die Fragen verstanden."

2.4 André Kostolany und die Börsenpsychologie

André Kostolany (1906–1999) war ein Spekulant und „Börsenlehrer", der von der Praxis zur Theorie kam und auf Erfahrungen mit eigenem Geld baute. In seiner ersten Lebenshälfte spekulierte er mit allem, was an den Börsen der Welt zu handeln war – oft auf fallende Kurse und zumeist erfolgreich. Danach brachte der Spekulant und glänzende Rhetoriker auf humorvolle und geistreiche Art der Welt bei, was es mit Börse auf sich hat. Dabei schaffte es Kostolany, der Lehrstühle in New York, Paris, Rom, München und Wien innehatte, trotz zweimaliger Pleiten bis zum mehrfachen Millionär.

Die profitablen Erfolgsgeheimnisse von Kostolany gründen in der Erkenntnis, dass

- die Psychologie an der Börse eine ganz wesentliche Rolle spielt (Zitat: „Die Börse reagiert gerade mal zu zehn Prozent auf Fakten. Alles andere ist Psychologie);
- sich bestimmte Phasen an den Märkten immer wieder zyklisch wiederholen;
- ein erfolgreicher Spekulant antizyklisch handeln muss und
- es für die jeweilige Kursentwicklung entscheidend ist, in welchen Händen sich die Mehrheit der Aktien gerade befindet.

Dafür teilte Kostolany die Börsianer in zwei Gruppen ein: die Hartgesottenen und die Zittrigen. Dabei zählen die Hartgesottenen langfristig zu den Gewinnern, deren Profite letztlich immer von den Zittrigen, zu denen auch die Spieler gehören, bezahlt werden. Grundsätzlich bilden die vier „G's" – Geld, Gedanken, Geduld und Glück – die Grundlage für den dauerhaften Erfolg der Hartgesottenen. Konkret:

Geld: Legendär ist in diesem Zusammenhang Kostolanys Zitat: „Wer viel Geld hat, kann spekulieren, wer wenig Geld hat, darf nicht spekulieren und wer überhaupt kein Geld hat, muss spekulieren." Grundsätzlich empfiehlt Kostolany, Aktien ausschließlich mit eigenem Geld zu kaufen und niemals auf Kredit.

Gedanken: Unter diesem Begriff subsumiert der Börsenaltmeister überlegtes, strategisches Handeln und Vorstellungskraft bzw. Phantasie. Wichtig ist dabei, dass der Anleger an seine Gedanken glaubt: „Hat er sich eine Strategie zurechtgelegt, darf er sich weder von Freunden noch von der allgemeinen Stimmung oder den Tagesereignissen davon abbringen lassen, sonst nützt ihm die genialste Überlegung nichts."

Geduld: „Das Geld macht man an der Börse nicht mit dem Kopf, sondern mit dem Sitzfleisch." Dieses von alten Frankfurter Börsianern gebrauchte Sprichwort hielt Kostolany als vielleicht wichtigstes Prinzip: „Wer keine Geduld hat, darf nicht einmal in die Nähe der Börse gehen."

Glück: Natürlich braucht es auch ein Quäntchen Glück. Denn selbst wenn alle Überlegungen und Strategien noch so präzise sind, können Kriege, Unfälle, Naturkatastrophen oder politische Ereignisse alles auf den Kopf stellen.

Aus diesen Überlegungen entwickelte Kostolany ein Modell, das sich an der Börse profitabel umsetzen lässt. Grundannahme dabei ist, dass sich bestimmte Phasen an den Märkten immer wiederholen und es daher erkennbar sein sollte, wann gekauft, verkauft oder abgewartet werden sollte. Liegt die Mehrheit der Aktien in zittrigen Händen, so haben gute Nachrichten keine Wirkung mehr, schlechte Nachrichten wirken sich sofort in fallenden Kursen aus. Es handelt sich um einen überkauften Markt. Liegen die Papiere in den Händen der Hartgesottenen, so verpuffen schlechte Nachrichten und gute Nachrichten sorgen für Kurssteigerungen. In diesem Fall handelt es sich um einen überverkauften Markt. Aus dieser Wechselwirkung folgerte Kostolany, dass jede Hausse und jede Baisse an der Börse aus den drei Phasen Korrektur, Stimmungsumschwung und Übertreibung bestehen, die im „Ei des Kostolany“ abgebildet sind:

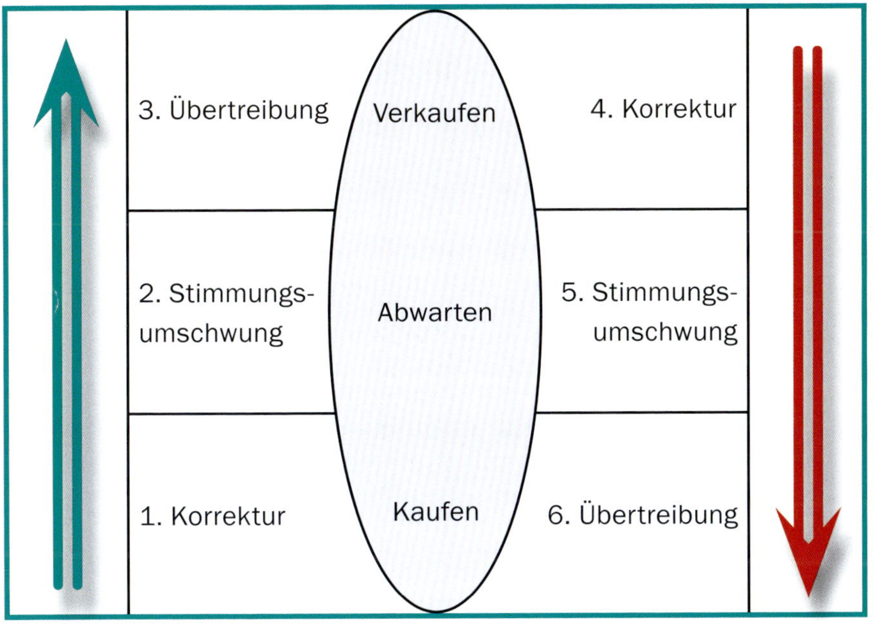

Ganz im Sinne eines antizyklischen Turnaround-Traders empfiehlt Kostolany Aktien im beginnenden Aufwärtstrend (1.) zu kaufen. Und zwar wenn die Kurse infolge einer Übertreibung (6.) nach unten die Talsohle ausgebildet haben und wieder in Richtung realistischerer Werte korrigieren.

Dann beginnt die legendäre „Schlaftabletten-Zeit“. Im Übergang zwischen Korrektur und Übertreibung im Aufwärtstrend (2.) heißt es, die Gewinne laufen zu lassen.

Erste Gewinnmitnahmen sind angezeigt, wenn die Stimmung euphorisch wird und zur Übertreibung (3.) nach oben führt. Börse ist jetzt in aller Munde, die Schlagzeilen der Boulevardpresse versprühen Goldgräberstimmung und sogar Taxifahrer erzählen den Fahrgästen, welche Aktien gekauft werden sollten. In dieser Phase sollten die ersten Gewinne mitgenommen werden, zumal jetzt die Aktien von den starken in die zittrigen Hände wechseln.

Nach der Übertreibungsphase haben selbst gute Nachrichten keine positiven Effekte mehr auf die Kurse. Jetzt gilt: „Wenn die Kurse nicht mehr steigen können, müssen sie fallen." Daher lautet die klare Verkaufsempfehlung für diese Phase (4.) hier: restliche Positionen glattstellen.

Analog zur „Schlaftablettenzeit" in einem Haussemarkt gilt es in der Phase (5.) abzuwarten und Liquidität bereit zuhalten. Die aus zuvor getätigten Verkäufen realisierten Gelder sollten am besten auf Tagesgeldkonten geparkt werden, um jederzeit Schnäppchenkäufe tätigen zu können.

Die Abwärtsspirale erreicht ihren Höhepunkt, wenn niemand mehr auf die Idee kommt, Aktien zu kaufen. Verbunden ist diese Zeit (6.) häufig mit einer Wirtschaftskrise, die Stimmung ist auf dem Tiefpunkt und die Zahlen der Unternehmen sind schlecht. Doch dann rückt der Zeitpunkt näher, an dem schlechte Nachrichten die Kurse nicht mehr weiter nach unten drücken. Das ist die Gelegenheit, Aktien von guten Unternehmen zu günstigen Kursen einzusammeln. Die Empfehlung lautet hier: Kaufen.

André Kostolany hat damit ein grandioses antizyklisches Konzept beschrieben, bei dem die ganze Kunst darin besteht, zu wissen, in welcher Phase sich ein Markt befindet. Während Kostolany dabei vor allem auf Erfahrung und Fingerspitzengefühl setzte, ergibt es Sinn, Methoden der Fundamentalen und Technischen Analyse einzusetzen und das Stimmungsbild an den Märkten zu berücksichtigen. Bei der Frage nach welchen Werten hielt der Börsenaltmeister ein Plädoyer für Turnaround-Aktien, denn diese stellen eine Chance dar, den Gesamtmarkt in der Performance um ein Vielfaches zu übertreffen: „Mit Turnarounds sind Unternehmen gemeint, die in einer tiefen Krise stecken, Verluste machen und vielleicht sogar kurz vor der Pleite stehen. Die Kurse sind dementsprechend im Keller. Wenn aber diese Gesellschaften den Turnaround schaffen und wieder Gewinne erzielen, schnellen die Kurse steil empor."

Wichtig für Kostolany war es, sich stets vor Augen zu halten: „Auch der erfahrenste, mit allen Wassern gewaschene Spekulant kann sich irren." Daher ist an der Börse grundsätzlich ein Risikomanagement mit strikter Verlustbegrenzungsstrategie zu verfolgen: „Börsenspekulation ist wie eine Skatpartie: Man muss mit guten Karten mehr gewinnen, als man mit schlechten Karten verliert."

3. Historische Turnarounds

In der Börsengeschichte hat es immer wieder spektakuläre Turnarounds gegeben. Dabei ist ein stets wiederkehrendes grundsätzliches Ablaufmuster zu erkennen. Zunächst handelt es sich in allen Fällen um äußerst erfolgreiche Unternehmen, die durch überdurchschnittliches Wachstum und mit entsprechenden Kursanstiegen an der Börse glänzen. Doch irgendwann passiert es selbst den innovativsten Firmen, in eine Schieflage zu geraten. Die Gründe dafür sind mannigfaltig. So können mit zunehmender Größe die Kosten aus dem Ruder laufen, manchmal tritt der Fall ein, dass unfähige Manager falsche Wege einschlagen und das Unternehmen dabei aktuelle Entwicklungen verschläft. Dazu kommen oft erstarkte Wettbewerber und andere externe Einflüsse. Entscheidend ist immer, dass die Krise als solches rechzeitig erkannt wird und geeignete Maßnahmen ergriffen werden. Denn dann gehen die Unternehmen daraus gestärkt hervor und es gelingt die Rückkehr zur Profitabilität. An der Börse legen Turnaround-Aktien beim Comeback sensationelle Kurs-Rallyes hin, bei denen Kursvervielfachungen möglich sind. Im Folgenden möchte ich Ihnen vier ganz prominente Unternehmen vorstellen, die in der Vergangenheit mindestens einen solchen Turnaround aufs Börsenparkett gelegt haben: Puma in den 1990er-Jahren, McDonald's zu Beginn des neuen Jahrtausends, Starbucks nach der Finanz- und Wirtschaftskrise 2008/2009 und Apple sogar vier Mal in den vergangenen drei Jahrzehnten. Bei den auf die überwundenen Krisen folgenden Aufholjagden konnten Anleger Gewinne von bis zu 2900% in wenigen Jahren erzielen.

3.1. Puma

Dieser heute weltbekannte Sportmode- und Lifestyle-Konzern geriet Ende der 1980er-Jahre gegenüber der Konkurrenz mächtig ins Hintertreffen. Die Produkte des Herzogenauracher Unternehmens wurden über Discountketten an Wühltischen vertrieben und hatten somit Ramschstatus. Die Marke Puma war völlig out, die Aktienkurse fielen ins Bodenlose. Doch dann gelang die Markenpolitur und die Umstrukturierung zu einem profitablen, angesagten Unternehmen. Anleger, die auf das Comeback setzten, erzielten satte Kursgewinne. Rückblick:

Die Wurzeln von Puma reichen zurück bis Jahr 1924, als Rudolf und Adolf Dassler die „Gebrüder Dassler Schuhfabrik“ in Herzogenaurach gründeten. Bereits zwölf Jahre später holten zahlreiche Sportler mit den in Mittelfranken hergestellten Schuhen bei den Olympischen Spielen in Berlin Medaillen und stellten dabei sogar zwei Welt- und fünf Olympiarekorde auf. Unter diesen Ausnahmeathleten befand sich auch der legendäre Jesse Owens, der mit Dassler-Schuhen sogar vier Goldmedaillen gewann. 1948 trennten sich die geschäftlichen Wege der beiden – mittlerweile verstrittenen – Brüder. Während Adolf „adidas“ gründete, rief Rudolf Dassler die „Puma Schuhfabrik“ ins Leben, womit die Erfolgsgeschichte des heutigen MDax-Konzerns ihren Lauf nahm.

Eine deutsche Nachkriegs-Erfolgsstory

Schon beim ersten Fußballspiel der Deutschen Nationalmannschaft nach dem 2. Weltkrieg 1950 trugen mehrere Spieler den Puma-Schuh „Atom“, darunter auch der erste deutsche Torschütze Herbert Burdenski. Für eine Innovation sorgte Puma 1952 mit dem neuen Schuhmodell „Super Atom“ , das in Zusammenarbeit mit dem damaligen Bundestrainer Sepp Herberger entstand und Schraubstollen besaß. Auch in der Leichtathletik war Puma erfolgreich, indem z.B. der deutsche Heinz Fütter 1954 in Japan einen neuen Weltrekord im Hundert-Meter-Lauf aufstellte.

Um die Marke und den Wiedererkennungseffekt zu stärken führte Puma 1958 den charakteristischen Formstreifen an der Schuhseite ein und wendete kurze Zeit darauf als erster Hersteller die technologisch fortschrittliche Vulkanisations-Produktionstechnik an, bei der die Kunststoffsohle mit dem Lederschaft verbunden wird. In der Folge trugen Ausnahmefußballspieler wie bspw. Pelé bei der Fußball-WM 1962 Schuhe von Puma. Mit dem heute legendären Puma King wurde Eusebio 1966 Torschützenkönig der WM in England. Das Engagement bei der Leichtathletik zahlte sich weiter aus, denn bei den Olympischen Spielen in München erzielten 1972 zahlreiche Sportler reihenweise Rekorde.

Neben Größen aus Leichtathletik und Fußball wurde auch der Tennissport ins Visier genommen. 1985 gewann Boris Becker mit Schuhen sowie Tennisschlägern von Puma das traditionsreiche Tennisturnier in Wimbledon.

Börsengang und Abstieg

1986 erfolgte der Börsengang und im gleichen Jahr trug Diego Armando Maradona bei der Fußball-WM in Mexiko den neuesten Puma King. Auch Lothar Matthäus wurde vier Jahre später mit Puma King Weltmeister sowie Weltfußballer des Jahres

1990. Bei der Leichtathletik-WM 1993 in Stuttgart holten die vier bei PUMA unter Vertrag stehenden Ausnahmeathleten Heike Drechsler, Merlene Ottey, Linford Christie sowie Colin Jackson Goldmedaillen.

Doch trotz aller sportlichen Erfolge geriet Puma Ende der 1980er-Jahre in Schwierigkeiten und wurde durch ein völlig verfehltes Management zum Sanierungsfall. Denn das Unternehmen hielt viel zu lange am teuren Produktionsstandort Deutschland fest. Als fataler Fehler stellte sich zudem der Einstieg in den Massenmarkt heraus. So wurden Pumas Billigtreter für 29,90 Mark auf Wühltischen von Discountmärkten verramscht. Durch diese Massenstrategie war die Marke Puma Anfang der 1990er-Jahre dermaßen „out“, weshalb die Produkte mit dem Raubkatzenlogo zu Ladenhütern verkamen. In der

Folge wurden satte Verluste eingefahren, die Banken gaben Puma, das zudem mit der immer stärker werdenden Konkurrenz von adidas, Nike sowie Reebok zu kämpfen hatte, kaum eine Chance.

An der Börse stürzten die Puma-Notierungen von der Erstnotiz im Januar 1987 (splitbereinigt bei 32,67 Euro) bis Oktober 1992 um 77% auf nur noch 7,49 Euro ab.

Der fulminante Turnaround

In dieser schwierigen Phase übernahm der damals erst 30-jährige Jochen Zeitz die Führung des angeschlagenen Unternehmens. Der junge Manager analysierte die Lage und leitete eine tiefgreifende Umstrukturierung ein. Zunächst sorgte Zeitz durch den Mitarbeiterabbau am teuren Unternehmensstand-

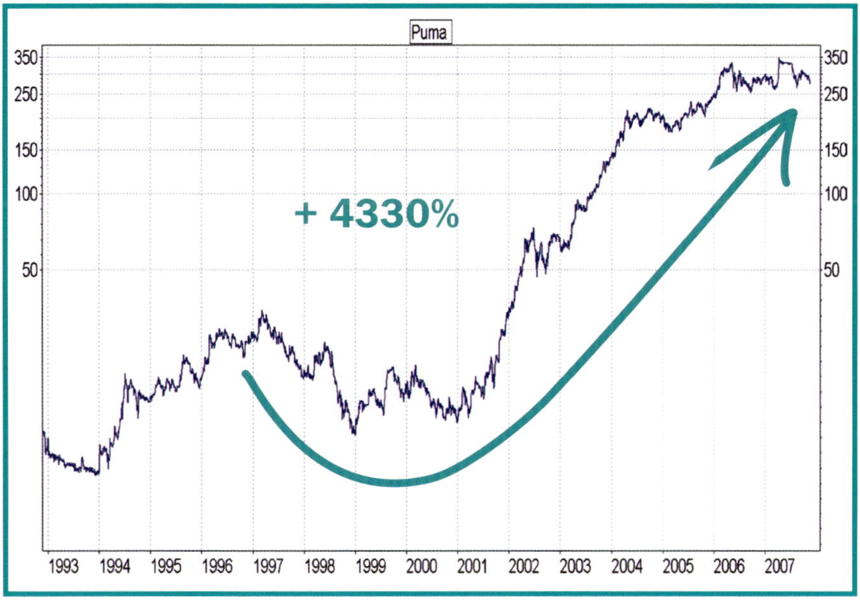

ort Deutschland für Schlagzeilen. Dann wurde die Produktion in Niedriglohnländer wie China, Taiwan und Vietnam verlagert. Gleichzeitig erfolgte eine Konzentration auf Kernsportarten wie Fußball, Tennis und Laufen. Die Strategie hatte bald Erfolg. Schon ab 1994 schrieb Puma wieder schwarze Zahlen, womit Zeitz das nächste Ziel, Puma zu einem Sport-Lifestyle-Unternehmen umzubauen, in Angriff nehmen konnte.

Dafür wurde 1998 mit der deutschen Top-Designerin Jil Sander eine Kooperation geschlossen, um Sport mit modischen Akzenten zu verbinden. In den folgenden Jahren arbeitete Puma immer mehr mit Modedesignern zusammen, die das Image der Marke mächtig aufpolierten. Stars wie Pop-Ikone Madonna oder Formel-I-Weltmeister Michael Schumacher sorgten dafür, dass Puma zu einer der angesagtesten Sport-Lifestyle-Modeherstellern wurde. Die Erfolgsstrategie spiegelte sich in einem fulminanten Comeback an der Börse wieder.

Zwischen Ende 1993 (7,90 Euro) und dem All-Time-High im April 2007 bei 350 Euro schossen die Notierungen um sage und schreibe 4330% nach oben. Das entspricht jährlichen Kursrenditen von durchschnittlich 30%.

3.2. McDonald's

Essen bei McDonald's ist heute rund um den Globus chic und trendy. Das war aber nicht immer so. Denn die weltweit umsatzstärkste Schnellrestaurant-Kette hatte schwierige Zeiten zu durchstehen. Um den Jahrtausendwechsel sah es sogar danach aus, also ob die angeblich dickmachenden „Big Mac's" über kurz oder lang vom Speiseplan der immer kalorienbewussteren Menschen verschwinden würden. Doch das

Unternehmen steuerte mit neuen, gesundheitsorientierten Produkten durch und schaffte den Imagewandel. Zudem wurden Kosten gesenkt, effizientere Strukturen geschaffen und neue Märkte erschlossen. Eine Turnaround-Story wie aus dem Lehrbuch, bei dem Anleger den Kapitaleinsatz vervielfachen konnten. So begann alles:

Die Geburtsstunde einer weltumspannenden Idee

Am 15. Mai 1940 eröffneten in San Bernardino (Kalifornien) die Brüder Richard und Maurice McDonald das erste McDonald's Bar-B-Que Restaurant. Acht Jahre machten die beiden mit einer innovativen und gleichzeitig rationellen Methode der Hamburgerzubereitung Furore und setzten gleichzeitig auf Selbstbedienung. Dieses Konzept wurde in den 1950er-Jahren zur Grundlage des heute wohl weltweit erfolgreichsten Franchisesystems. Der erste Lizenznehmer, Neil Fox, zierte sein Restaurant in Phoenix (Arizona) mit den mittlerweile berühmten goldenen Bögen, die ein „M“ stilisieren. 1954 erkannte der Milchshake-Mixer-Verkäufer Ray Kroc die enormen Chancen, die in diesem Geschäftsmodell steckten und stieg ins Unternehmen ein, um die Expansion unter dem Dach der McDonald's Corporation voranzutreiben. Unterstützt durch strategische Kooperationen wie bspw. mit Disney und der Coca Cola Company startete McDonald's einen internationalen Siegeszug. Als Symbol für den Erfolg gilt der 1968 vom Franchise-Nehmer Jim Delligatti erfundene „Big Mac“. Dieser McDonald's-Klassiker wurde sogar Basis eines mittlerweile weltweit bekannten Indikators, dem sogenannten „Big Mac Index“. Dabei werden die jeweiligen Preise dieses in allen McDonald's-Filialen rund um den Globus standardisierten Hamburgers zum aktuellen US-Dollar-Kurs umgerechnet. Auf so einfache Weise können

Preisniveaus bzw. Kaufkraftparitäten rasch ermittelt werden. Zurück zur McDonald's-Story:

Der Imageverlust

Das Schnellrestaurant-Konzept mit standardisiertem Angebot war dermaßen erfolgreich, dass im Laufe der Zeit ein weltumspannendes Franchise-Filialnetz entstand. Doch mit zunehmender Größe wurde McDonald's in den 1990er-Jahren sukzessive schwerfälliger und bekam starke Konkurrenz von Fast-Food-Ketten wie Burger King, Wendy's und Subway.

Zudem wurde McDonald's für das Übergewichtsproblem vieler amerikanischer Kinder, Teenager und Erwachsener verantwortlich gemacht. Einen beträchtlichen Imageschaden verursachte in diesem Zusammenhang auch der polemische aber amüsante Dokumentarfilm „Super Size Me" von Michael

Moore. Alles zusammen ließ Umsätze und Margen schrumpfen und im Schlussquartal 2002 musste McDonald's sogar Verluste ausweisen. Die Folge an der Börse:

Nachdem die McDonald's-Aktie seit Ende der 1970er Jahre praktisch nur den Weg nach oben kannte und die All-Time-Highs bis November 1999 in die Höhe schraubte, begannen die Kurse zu bröckeln. In gut drei Jahren wurden 74% des Börsenwertes in Luft aufgelöst. Kostete im November 1999 eine Aktie 48,32 Dollar, waren McDonald's-Anteile 40 Monate später nur noch 12,38 Dollar wert.

Der „Plan to Win" und das fulminante Comeback

Der damalige Konzernchef Jim Cantalupo wollte mit seinem „Plan to Win" den Konzern wieder in die Spur bringen. Dabei

wurde der Fokus darauf gelegt, die Umsätze existierender Restaurants zu steigern, statt neue zu eröffnen. Zusätzlich sollten mehr gesunde Gerichte angeboten werden. 2003 startete McDonald's weltweit eine neue Werbekampagne mit dem Slogan: „I'm lovin' it" („Ich liebe es"). Erklärtes Ziel war es, McDonald's als junges, kraftvolles, lebensfreudiges Unternehmen mit genussvollen Produkten darzustellen und das alte Image des ungesunden „Burger-Herstellers" abzulegen. Um diesen Wechsel zu einem Gesundheits- und Lifestyle-Image zu unterstützen wurde ein breiteres Spektrum an qualitativ hochwertigen und frischen Produkten eingeführt. Dazu zählen neben vegetarischen Burgern vor allem Salate, Früchte sowie Joghurts. Auch der Einstieg ins Kaffee-Geschäft gelang – die McCafés erfreuen sich mittlerweile größter Beliebtheit. Der Erfolg:

McDonald's kam wieder in die Gewinnspur und baute die Vormachtstellung als weltweit umsatzstärkste Fast-Food-Kette aus. Dazu kamen erfolgreiche Expansionen in Schwellenländern, wobei vor allem der chinesische Markt im Sturm erobert wurde. Entsprechend wandelte sich das Bild an der Börse und es folgte ein wahres Kursfeuerwerk. Denn vom Tief im März 2003 bis zum neuen (vorläufigen) All-Time-High im Mai 2016 bei 131,60 Dollar explodierten die Notierungen um 928%, womit sich ein einmaliges Investment mehr als verzehnfacht hätte. Das entspricht annualisierten Kursrenditen von 20%.

3.3. Starbucks

Rund um den Globus werden die Kaffeespezialitäten und Snacks von Starbucks geschätzt. Doch im Zuge der Finanz- und

Wirtschaftskrise 2008/2009 hatte das Unternehmen mit gravierenden Problemen zu kämpfen. Dem vorangegangenen rasanten Wachstum musste Tribut gezollt werden. Die Strukturen waren zu schwerfällig geworden, viele Standorte hatten sich als unrentabel herausgestellt, zudem sind neue, starke Wettbewerber zu einer ernsthaften Bedrohung geworden. Vor diesem Hintergrund stürzte die Aktie um bis zu 82% ab. Doch aus der Krise machte das Unternehmen eine Chance, der Turnaround gelang. Aus dem Pleitekandidaten Starbucks wurde binnen weniger Jahre eine Kursrakete. Die Story:

Eine Idee erobert die Welt

Am 30. März 1971 öffnete am Pike Place Market in Seattle das erste Starbucks Coffee House seine Pforten. Neben frisch gerösteten Kaffeebohnen umfasste das Sortiment damals auch Tee sowie diverse Gewürze. Die große Erfolgsstory begann aber erst in den 1980er-Jahren und war fest mit dem Namen Howard Schultz verknüpft. Beeindruckt vom Flair zahlreicher Espresso-Bars in Italien adaptierte der damalige Starbucks-Manager das Coffee-Shop-Prinzip für den amerikanischen Markt. Nachdem sich Schultz mit seiner eigenen Marke „Il Giornale" zwischenzeitlich selbstständig gemacht hatte, übernahm er Starbucks 1987 von den Gründern. Damit startete ein Siegeszug rund um den Globus. Vor allem nach dem Börsengang 1992 ging es Schlag auf Schlag. Die Zahl der Kaffeeläden stieg von damals 150 auf heute über 15.000 in 50 Ländern.

Der Preis des Wachstums

Doch das Wachstum hatte seinen Preis. Im Zuge der raschen Expansion wurde zum Teil zu wenig Augenmerk auf die Standortqualität gelegt. Dazu kamen gestiegene Kosten

für Nahrungsmittel sowie neue mächtige Wettbewerber wie bspw. McDonald's. Zu allem Überdruss sorgte die Finanz- und Wirtschaftskrise 2008/2009 für eine Nachfrageflaute. Damit waren Umsätze und Gewinne ab 2006 rückläufig und 2008 musste sogar erstmals in der Unternehmensgeschichte ein Quartalsverlust verkraftet werden. Die Folge an der Börse:

Nachdem die Aktie bis 2006 fast nur den Weg nach oben kannte, fielen die Notierungen in den folgenden zwei Jahren wie ein Stein und verloren bis zu 82% an Wert. Während eine Starbucks-Aktie im November 2006 noch bei 19,72 Dollar notierte, wurden die Papiere im Dezember 2008 nur noch zu 3,86 Dollar gehandelt. Die Börse urteilte hart – kaum ein Anleger hatte Starbucks noch auf der Rechnung. Doch aus der Krise machte Howard Schultz eine Chance, weshalb sich hartgesottene Investoren eine goldene Nase verdienen konnten. Konkret:

Vom Absteiger zur Kursrakete

Der Starbucks-Chef verordnete dem Unternehmen ein striktes Sparprogramm, unrentable Filialen wurden konsequent geschlossen und der Fokus auf Wachstumsmärkte wie China gelegt. Zudem wurde das Outfit der Starbucks-Läden modernisiert und das Sortiment um kalorienarme Gesundheits- und Wellness-Produkte bereichert. Der Erfolg:

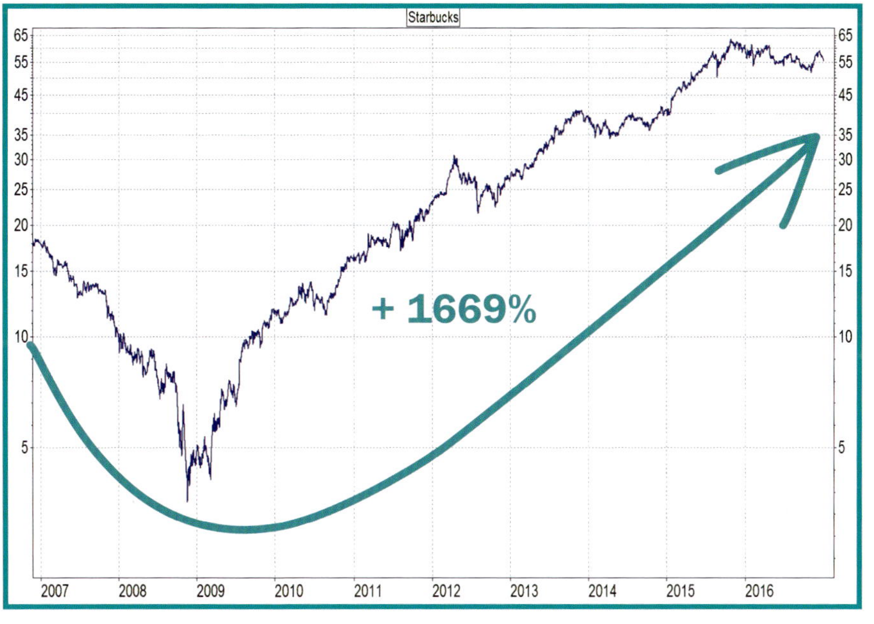

Die Geschäfte laufen mittlerweile besser denn je und es werden wieder laufend Rekordergebnisse eingefahren. Entsprechend startete an der Börse ein sensationelles Comeback.

In den folgenden Jahren erlebte die Starbucks-Aktie einen Höhenflug, der bis zum All-Time-High im Oktober 2015 zu sensationellen 1669% Kursgewinn führte.

3.4. Apple

Apple ist heute dank iPod, iPhone und iPad in der Multimedia- und Kommunikationsbranche das Maß aller Dinge. Doch das war nicht immer so. Das Unternehmen machte in den vergangenen dreißig Jahren mehrere Krisen durch, wobei vier Mal ein besonders fulminantes Comeback mit sensationellen Kursfeuerwerken gelang. Die Apple-Turnaround-Story ist dermaßen faszinierend, weshalb ich darauf etwas ausführlicher eingehen möchte. Konkret:

Als Steve Jobs und Steve Wozniak 1976 in einer Garage im kalifornischen Los Altos am ersten Apple-Computer bastelten, glaubte wohl niemand, dass damit der Grundstein für das heute wertvollste Unternehmen der Welt gelegt worden war. Zurzeit scheint es sogar so, als ob alles, was Apple anfasst, wenn nicht gar zu Gold, so zumindest zum Kassenschlager wird. Der Kultstatus, den das zum Multimedia-Trendsetter gereifte Unternehmen genießt, wird allein schon durch die langen Warteschlangen vor den Apple-Shops bei jeder Produkteinführung sichtbar. Dies schlägt sich auch in glänzenden Geschäftszahlen nieder. Dabei lassen Umsatzwachstumsraten von durchschnittlich 41% in den vergangenen sieben Jahren sowie Netto-Umsatzrenditen von aktuell knapp 24% die Konkurrenz vor Neid erblassen. Und die Aktienkurse stürmten bis Dezember 2012 von einem historischen Hoch zum nächsten. Seit der Erstnotiz im Dezember 1980 haben sich Apple-Aktien in der

Spitze um das 223-Fache verteuert, womit aus einem einmaligen 10.000-Dollar-Investment 2,23 Millionen Dollar geworden sind. Dennoch gab es im Laufe der Geschichte immer wieder herbe Rückschläge, bei denen Apple zum Teil sogar haarscharf am Konkurs vorbeischrammte. Doch aus jeder dieser Krisen ist das Kult-Unternehmen gestärkt hervorgegangen. Damit gilt Apple als Musterbeispiel für erfolgreiche Turnarounds. Und Investoren, die in Schwächephasen auf das Comeback von Apple gesetzt hatten, konnten Kursgewinne von bis zu 2.946% einstreichen. Rückblick:

Die Anfänge in Steve Jobs' Garage

Zu Beginn der 1970er-Jahre kam es zur Begegnung von Steve Jobs mit Steve Wozniak. Als eines der ersten Ergebnisse der Zusammenarbeit entstand das Computerspiel „Breakout", das Wozniak innerhalb von vier Tagen für Atari entwickelte. Der Auftrag dafür wurde von Steve Jobs an Land – und Wozniak dabei über den Tisch gezogen. Denn das Honorar dafür betrug 5.000 Dollar, wovon Jobs' Partner aber lediglich 350 Dollar erhielt.

Einen ersten Verkaufsschlager landeten die beiden Computer-Freaks mit der „Blue Box". Dieses Gerät konnte einen von den Vermittlungsstellen von AT&T verwendeten 2600-Hertz-Ton erzeugen. Damit war es möglich, die Signale für die Gesprächsgebührenberechnung zu umgehen und kostenlose Ferngespräche zu führen.

Der Startschuss für die Firma Apple Computer fiel am 1. April 1976. Zur Kapitalbeschaffung verkaufte Steve Jobs seinen VW-Bus für 1.750 Dollar, Wozniak gab seine Anstellung in der Entwicklungsabteilung von Hewlett-Packard auf, und zur Verstärkung wurde Ronald Wayne wegen seiner Managementerfahrung bei Atari ins Boot geholt. Von Letzterem stammt das erste Apple-Logo in der Art eines Kupferstichs, das Sir Isaac Newton unter einem Apfelbaum sitzend zeigt.

Noch im selben Jahr wurde das detailreiche, aber schwierig zu reproduzierende Bild verworfen. An dessen Stelle entwarf der Designer Rob Janof das mittlerweile legendäre Logo mit dem angebissenen Apfel in Regenbogenfarben.

Nur elf Tage nach dem Einstieg bei Apple verlor Ronald Wayne das Vertrauen in das noch junge Unternehmen und gab seinen Zehn-Prozent-Anteil für 800 Dollar an Jobs und Wozniak zurück. Einige Zeit später erhielt der zu Atari als Angestellter zurückgekehrte Apple-Mitbegründer noch einmal 1.500 Dollar Abfindung. Ironie des Schicksals: Heute wäre Wayne steinreich, denn der Wert seines Anteils an Apple wäre bis 2012 auf über 45 Milliarden Dollar angewachsen.

Unterdessen wurde in der Garage von Steve Jobs' Eltern unbeirrt am Apple I gebastelt, der als Meilenstein in der Entwicklung des Personal Computers gilt. Der Apple I wurde als Bausatz geliefert, der Hauptplatine, Netzteil, Tastatur, Bildschirm und Gehäuse umfasste und vom Händler oder Kunden selbst zusammengeschraubt werden musste. Insgesamt wurden ca. 200 Exemplare des Apple I gebaut.

Ein Jahr später spielte der Apple II als weltweit erster Microcomputer eine Vorreiterrolle und galt als Vorbild für den späteren IBM-PC. Die Apple-II-Baureihe wurde bis 1993 über zwei Millionen Mal verkauft.

Entscheidendes Know-how holte sich die Mannschaft um Steve Jobs und Steve Wozniak 1979 bei einem Besuch des

Forschungsinstituts Xerox PARC, wo der erste PC mit grafischer Benutzeroberfläche, Computermaus und einer Software auf Basis objekt-orientierter Programmierung zu sehen war. Genau mit diesen Errungenschaften machten Apple-Computer fortan Furore.

Vom Börsengang bis zu Steve Jobs' Abgang

Nach dem Umzug in das neue Hauptquartier in Cupertino (1978) bereitete Apple den Börsengang vor. Am 12. Dezember 1980 wurden die mittlerweile mehrmals gesplitteten Apple-Aktien erstmals gehandelt. Kein Initial Public Offering (IPO) seit Ford Motor 1956 brachte mehr Kapital ein und aus keinem anderen Börsengang in der Geschichte gingen mehr Millionäre hervor als bei Apple (ca. 300). Insgesamt wurde das Unternehmen an der Börse mit 1,8 Milliarden Dollar bewertet, Steve Jobs' Anteil betrug 217 Millionen Dollar, der von Steve Wozniak 116 Millionen Dollar.

Die erste Hälfte der 1980er-Jahre war für Apple durchwachsen. Zunächst entpuppte sich der Apple III aufgrund des relativ hohen Preises und der Inkompatibilität zum beliebten Apple II als Ladenhüter. Indes nutzte IBM die Apple-Schwäche und führte 1981 den preisgünstigen IBM-PC ein. Auch der Apple Lisa, einer der weltweit ersten Computer mit grafischer Benutzeroberfläche und Mausbedienung, konnte nicht dagegenhalten. Dieses Projekt war angesichts eines Verkaufspreises von 9.995 Dollar zum Marktstart 1983 ebenfalls ein Flop.

Um Apple geschäftlich auf Linie zu bringen, holte Steve Jobs 1983 den Vize-Chef von PepsiCo, John Sculley an die Unternehmensspitze. Dabei lockte Jobs den Manager mit den legendären Worten:

„Wollen Sie den Rest Ihres Lebens damit zubringen, gezuckertes Wasser zu verkaufen, oder wollen Sie die Chance bekommen, einen Abdruck im Universum zu hinterlassen?“

Nach dem ersten gemeinsamen Projekt, dem Apple Macintosh, kam es zum Zerwürfnis zwischen Jobs und Sculley.

Apples erster Turnaround nach dem Showdown zwischen Jobs und Sculley

Der Start des Macintosh, liebevoll Mac genannt, verlief vielversprechend. Doch schon bald stockte der Absatz: zu teuer, zu wenige Programme. Die Umsätze von Apple waren zwar pro Jahr zwischen 50% und 74% gewachsen, doch die Gewinne stagnierten. In der zweiten Hälfte 1984 musste sogar ein Verlust ausgewiesen werden. Dazu eskalierten die

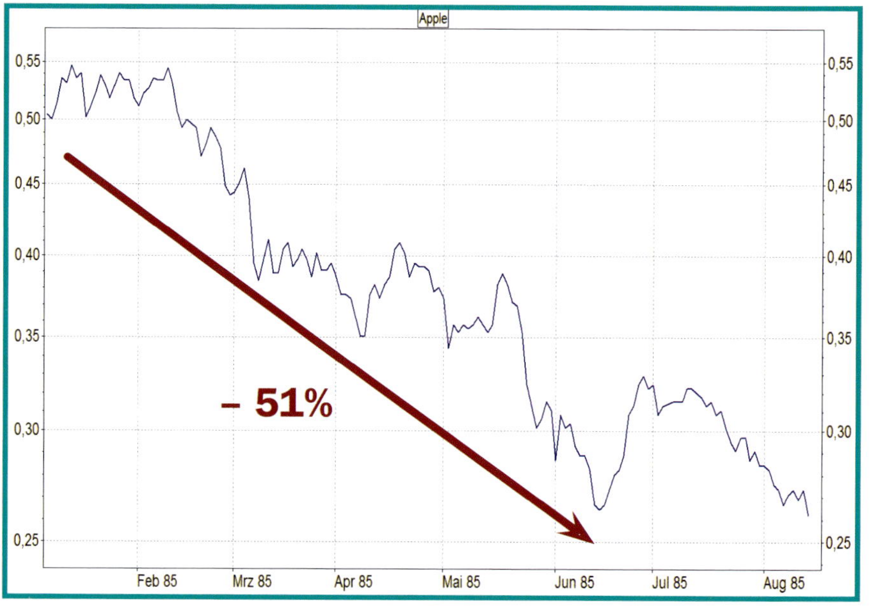

Auseinandersetzungen zwischen Jobs und Sculley über die Geschäfts- bzw. Produktstrategie – der Streit endete mit dem Rauswurf von Steve Jobs im Mai 1985.

An der Börse erlebte Apple 1985 einen bitterbösen Absturz. Vom Januar-Top rauschten die Notierungen bis August um 51% nach unten.

Auf betriebswirtschaftlicher Ebene gelang es John Sculley, das Ruder herumzureißen und Apple wieder in die Gewinnspur zu bringen. Binnen weniger Jahre gelang eine Umsatzverdoppelung, die Gewinne konnten sogar versechsfacht werden.

Während dieser Zeit explodierten die Aktienkurse. Anleger, die nach dem Streit zwischen Jobs und Sculley im Sommer 1985 auf Apple gesetzt hatten, konnten den Kapitaleinsatz bis September 1987 mehr als versiebenfachen (+631%).

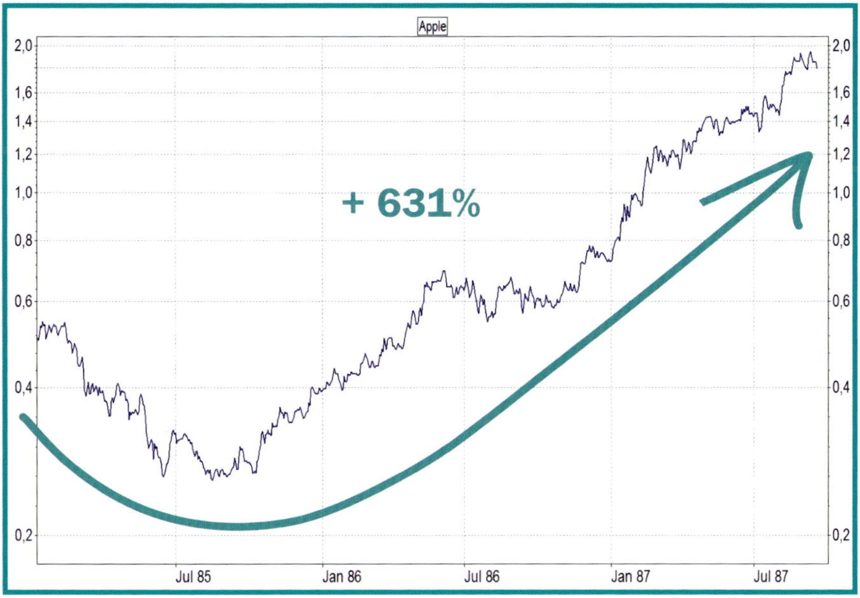

In der Zeit unter der Führung von John Sculley wurden eine Reihe innovativer Produkte eingeführt, so zum Beispiel der LaserWriter, das Apple PowerBook oder das Netzwerkprotokoll Apple Talk. Die Umsätze konnten in der Ära Sculley zwischen 1985 und 1993 zwar vervierfacht werden, doch die Gewinne stagnierten. Grund dafür waren vor allem die unübersichtliche Angebotspalette sowie hohe Marketingkosten durch Segmentierung identischer Produkte in verschiedene Märkte.

Die preisgünstigen IBM-PCs und Microsoft mit dem Windows-Betriebssystem eroberten ab Beginn der 1990er-Jahre die weltweiten Märkte. Dem hatte Apple zu dieser Zeit wenig entgegenzusetzen und wurde zum Nischenplayer. Der nächste Absturz an der Börse war vorprogrammiert.

Turnaround Nummer zwei: das Comeback von Steve Jobs

John Sculleys glücklose Nachfolger – Michael Spindler (1993–1996) und Gil Amelio (1996–1997) – fanden praktisch kein Rezept gegen die Übermacht der Windows-Konkurrenz. Vor allem unter Amelio brachen die Umsätze um ein Drittel ein, und es mussten Verluste in Milliardenhöhe verkraftet werden.

Entsprechend stürzte die Apple-Aktie ins Bodenlose. Vom 1995er-Jahreshoch im Juni gaben die Notierungen bis zum neuen Zehn-Jahres-Tief im Dezember 1997 um 75% nach.

In dieser wohl größten Krise der Unternehmensgeschichte – Apple stand kurz vor der endgültigen Pleite – schlug erneut die Stunde von Steve Jobs. Der Apple-Gründer war seit seinem Abgang mit dem Computerunternehmen NeXT vor allem im Bereich wissenschaftlicher Anwendungen erfolgreich. So entwickelte bspw. Tim Berners Lee das World Wide Web auf einer

NeXT Workstation. 1997 wurde NeXT von Apple übernommen, Steve Jobs zunächst als Berater und dann als CEO wieder an Bord geholt. Damit war die Basis für den zweiten, fulminanten Turnaround geschaffen.

Auf Basis des NeXT-Betriebssystem OpenStep entstand das richtungsweisende Mac OS X. Dann sprang Apple über den eigenen Schatten und ging eine Partnerschaft mit Microsoft ein. Neben einer 150-Millionen-Dollar-Finanzspritze erhielt Apple vom Erzrivalen ein auf dem Macintosh lauffähiges Office-Software-Paket. Zum Entsetzen aller Apple-Fans erschien Bill Gates als Retter auf einer Riesenleinwand auf der Macworld Expo 1997. Dabei versprach Steve Jobs, wieder neue Impulse für die Computerbranche zu liefern.

Dann begann der Unternehmensumbau, wobei die

Produktpalette entrümpelt und völlig umgekrempelt wurde. Mit der iMac- und iBook-Reihe – das „i" stand für „Internet" – löste der Apple-Mastermind sein Versprechen ein, verpasste dem Unternehmen ein neues, frisches Image und setzte wieder Maßstäbe in der Branche. Denn erstmals wurde das cremefarbene Einerlei von Computern durch farbige und ästhetische Designs abgelöst, hinter denen sich innovative Technologien verbargen.

Damit gelang die Rückkehr zur Profitabilität und die Aktienkurse sprangen in die Höhe. Dieser Turnaround brachte Anlegern zwischen Dezember 1997 und März 2000 eine Kursverelffachung (+1016%).

Das Platzen der Dotcom-Blase und der dritte Turnaround von Apple

Beim Platzen der Dotcom-Blase im Frühjahr 2000 und in der darauf folgenden Jahrhundert-Baisse bis 2003 kam auch Apple nicht ungeschoren davon. Umsätze und Gewinn brachen ein, wobei Apple 2001 sogar rote Zahlen schrieb. Entsprechend der Absturz an der Börse:

Zwischen März 2000 und April 2003 lösten sich 82% des Apple-Börsenwertes in Luft auf. Doch Apple legte in dieser

Zeit wieder die Basis für neue Kurshöhenflüge, indem neue, innovative Produkte auf den Markt gebracht wurden. So revolutionierte der iPod ab November 2001 den Markt für Unterhaltungselektronik, und ab April 2003 ließ der Online-Music-Store iTunes die Apple-Kassen klingeln. Die Umsätze wurden

zwischen 2002 (5,2 Milliarden Dollar) und 2007 (24,6 Milliarden Dollar) fast verfünffacht, der Gewinn sprang von 65 Millionen Dollar (2002) um mehr als das Fünfzigfache auf 3,5 Milliarden Dollar.

Nachdem die Aktie im zweiten Halbjahr 2002 einen tragfähigen Boden ausgebildet hatte, startete Apple ab der Einführung von iTunes im April 2003 nach oben durch. Bis Dezember 2007 schossen die Notierungen um sage und schreibe 2.946% nach oben!

Unterdessen waren mit dem Marktstart des iPhone 2007 schon die Weichen für die nächsten Höhenflüge gestellt worden. Doch zunächst musste der weltweiten Finanz- und Wirtschaftskrise Tribut gezollt werden. Dieser heftige Rücksetzer sollte indes aus Anlegersicht abermals eine großartige Einstiegsgelegenheit eröffnen. Konkret:

Mit iPhone und iPad zum vierten Turnaround

In den vergangenen zehn Jahren wurden praktisch alle Produkte mit einem vorangestellten „i“ und dem Apple-Logo drauf zu Selbstläufern. Bei jeder Neueinführung bilden sich weltweit lange Warteschlangen vor den Apple-Stores. Jeder will der Erste sein, der diese „Must-Haves“ besitzt. Dennoch wurde die Apple Aktie trotz laufend neuer Rekordergebnisse vom 2007er-Top innerhalb eines Jahres um 61% heruntergeprügelt.

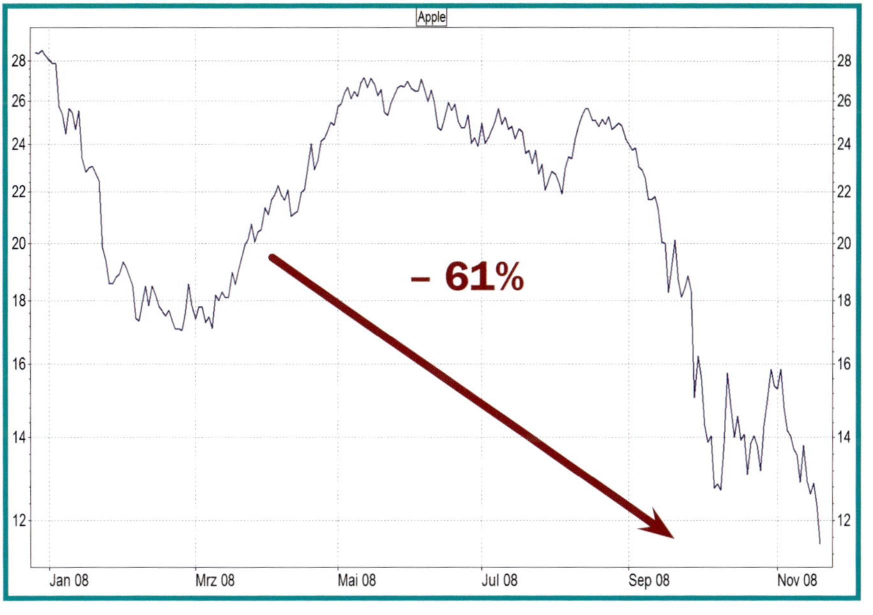

Damit war Apple ein Schnäppchenkauf. Denn das iPhone schlug in die Mobiltelefonbranche ein wie eine Bombe. Binnen kürzester Zeit stieg Apple zum globalen Marktführer bei Smartphones auf, Umsätze und Gewinne explodierten regelrecht. Der Turnaround Nummer vier konnte starten, der im April 2010 durch die erfolgreiche Einführung des iPads zusätzliche Schubkraft verliehen bekam:

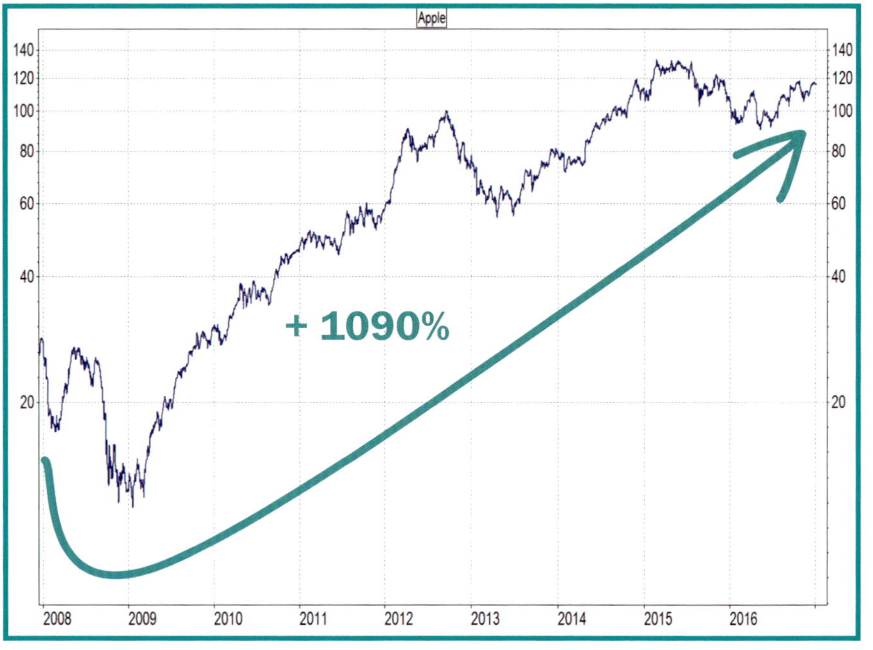

Seit Januar 2009 lief beim vierten Apple-Turnaround eine Mega-Kurs-Rallye, die auch durch den Tod von Steve Jobs am 5. Oktober 2011 nicht gestoppt werden konnte. Zumal das Computer-Genie Apple auf diesen Fall lange vorbereitet und für die Nachfolge bestens gesorgt hat. Der neue Apple-Boss Tim Cook führt Apple im Geiste von Steve Jobs weiter. An der Börse schraubte Apple die All-Time-Highs bis Februar 2015 immer weiter nach oben. Seit dem 2009er-Tief errechnete sich dabei ein Kursgewinn von sage und schreibe 1090%

4. Turnarounds erkennen – Die Fundamentale Aktienanalyse

Wie in so vielen Lebensbereichen ist auch in der Wirtschaft der Pfad zwischen Erfolg und Misserfolg sehr schmal. Vor allem in Krisen durchleben viele seit Jahren erfolgreiche Unternehmen oft eine lange Durststrecke mit entsprechenden Auswirkungen auf Umsatz und Gewinn. Das wiederum findet Niederschlag in den Aktienkursen. Dennoch:

Wie die im vorangegangenen Kapitel aufgezeigten Beispiele historischer Turnarounds eindrücklich beweisen, stellen solche Situationen immer wieder einmalige Kaufgelegenheiten dar. Denn sobald die in den Unternehmen eingeleiteten Restrukturierungsmaßnahmen greifen und sich die Geschäftszahlen verbessern, werden früher oder später Bankanalysten auf die Turnaround-Situation aufmerksam. In der Folge wird in den Medien zunehmend wieder positiv über diese Werte berichtet, wodurch diese in den Fokus der breiten Anlegermasse rücken. Hinzu kommt, dass die meisten dieser Firmen nach überstandener Krise stärker sind als je zuvor. Denn in schlechten Zeiten wird gelernt, schlanker und effektiver zu arbeiten sowie noch konsequenter überflüssige Kosten einzusparen. Sobald die Nachfrage wieder anspringt, erweist sich diese „Zwangs-Schlankheitskur" als Segen: Die Gewinne schnellen stark nach oben und katapultieren den Aktienkurs schnell wieder auf alte Höhen und darüber hinaus. Investment-Legende Warren Buffett bringt es auf den Punkt: „Große Anlagemöglichkeiten kommen immer dann, wenn hervorragende Firmen vorübergehend in schwieriges Fahrwasser geraten und deshalb unterbewertet werden."

Ob ein Unternehmen, wieder auf die Beine kommt oder doch eher auf den endgültigen Untergang – sprich: die Insolvenz – zutreibt, kann mit den Mitteln der fundamentalen Aktienanalyse geklärt werden.

4.1. Aktienanalyse als Teilbereich der Wertpapieranalyse

Die Wertpapieranalyse im Allgemeinen will durch Analyse, Beurteilung und Bewertung einzelner Wertpapiere oder ganzer Märkte die Vorteilhaftigkeit eines potenziellen Investments untersuchen. Die Aktienanalyse ist ein Teilbereich dieser Disziplin und stellt, wie der Name schon treffend darlegt, auf die Beurteilung einzelner Aktien bzw. Aktienmärkte ab.

Im Mittelpunkt der Wertpapieranalyse steht die Auswertung sämtlicher verfügbarer Informationen über die wirtschaftliche Lage des Wertpapier-Emittenten, der jeweiligen Branche, aber auch der gesamtwirtschaftlichen Situation oder Börsenlage. Anhand verschiedener Analyse- und Bewertungsmodelle können vergangene Kursentwicklungen erklärt und – was noch viel wichtiger ist – Prognosen über die künftige Wertentwicklung abgeleitet werden.

Unabhängig von der angewandten Methode erfolgt die Wertpapieranalyse in drei Stufen:

- Analyse des Status quo: Suche, Zusammenstellung, Berechnung und Aufbereitung aller relevanten Daten über den aktuellen Zustand eines Wertpapieremittenten;

- Prognose der künftigen wirtschaftlichen Entwicklung auf Basis von Vergangenheitsdaten und vorhandenen Informationen zur aktuellen Lage sowie unter Einbeziehung erwarteter Entwicklungen und Szenarien;
- Bewertung des Wertpapiers oder des Marktes anhand der Analyseergebnis und der Prognosewerte unter Anwendung eines geeigneten Bewertungsmodells.

Als vierter Schritt folgt schlussendlich die Entscheidungsfindung unter Einbeziehung der persönlichen Ziele und der Risikobereitschaft des Investors, zu der auch eine Entscheidung über den optimalen Umsetzungszeitpunkt gehört. Dies geschieht durch technische Analyse der Kursentwicklung, die in einem eigenen Kapitel im Anschluss an die fundamentale Aktienanalyse erläutert wird.

4.2. Ziel und Arten fundamentaler Aktienanalyse

Das Ziel der fundamentalen Aktienanalyse ist die Ermittlung des „inneren“, also des aufgrund wirtschaftlicher Fundamentaldaten wie Gewinn, Dividendenhöhe oder Umsatzwachstum gerechtfertigten Wertes einer Aktie. Zusätzlich werden die Verfassung der Branche, in der das untersuchte Unternehmen tätig ist sowie das makroökonomische Umfeld wie Konjunkturzyklus, Zinsen, Inflation oder Wechselkurse berücksichtigt.

In der Fundamentalanalyse werden grundsätzlich zwei verschiedene Vorgehensweisen unterschieden: der Top-Down- und der Bottom-Up-Ansatz. Konkret:

- Im Rahmen einer Top-Down-Analyse wird zuerst mittels Globalanalyse das volkswirtschaftliche Umfeld eines Unternehmens untersucht und bewertet. Anschließend wird die Analyse auf Branchenebene fortgesetzt, um beispielsweise Informationen über eine spezifische Branchenkonjunktur, die Wettbewerbsposition und die generelle Auftragslage des Unternehmens im Vergleich zur Konkurrenz zu erhalten. Erst dann werden die unternehmensspezifischen Informationen ausgewertet. Hinter dieser Vorgangsweise steht die Überlegung, dass einzelne Aktien nur dann eine gute Kursentwicklung hinlegen können, wenn sich auch der Gesamtmarkt positiv entwickelt. Für Anhänger dieser Methode wäre es demnach sinnlos, eine Aktie weiter zu verfolgen, wenn bereits bei der Global- oder Branchenanalyse ein negatives Bild erzeugt wird.
- Der Bottom-Up-Ansatz hingegen beginnt auf Unternehmensebene, um die Analyse dann weiter auszuweiten und zu verdichten. Es erfolgt also zuerst die Identifikation der Gewinneraktien, die durch eine Prognose der Gesamtentwicklung ergänzt wird. Hintergrund dafür ist, dass sich gerade vorher übertrieben abgestrafte und daher günstig bewertete Aktien häufig von der Gesamtmarktentwicklung abkoppeln. Daher ist für Turnaround-Aktien „gefallener" Unternehmen, die sich auf dem Weg zum Comeback befinden, der Bottom-Up-Ansatz genau richtig.

Durch den Vergleich zwischen dem in der Unternehmensanalyse ermittelten inneren Wert und dem aktuellen Börsenkurs versuchen „Fundamentalisten" in der Tradition von Benjamin Graham zu erkennen, ob eine Aktie billig, teuer oder

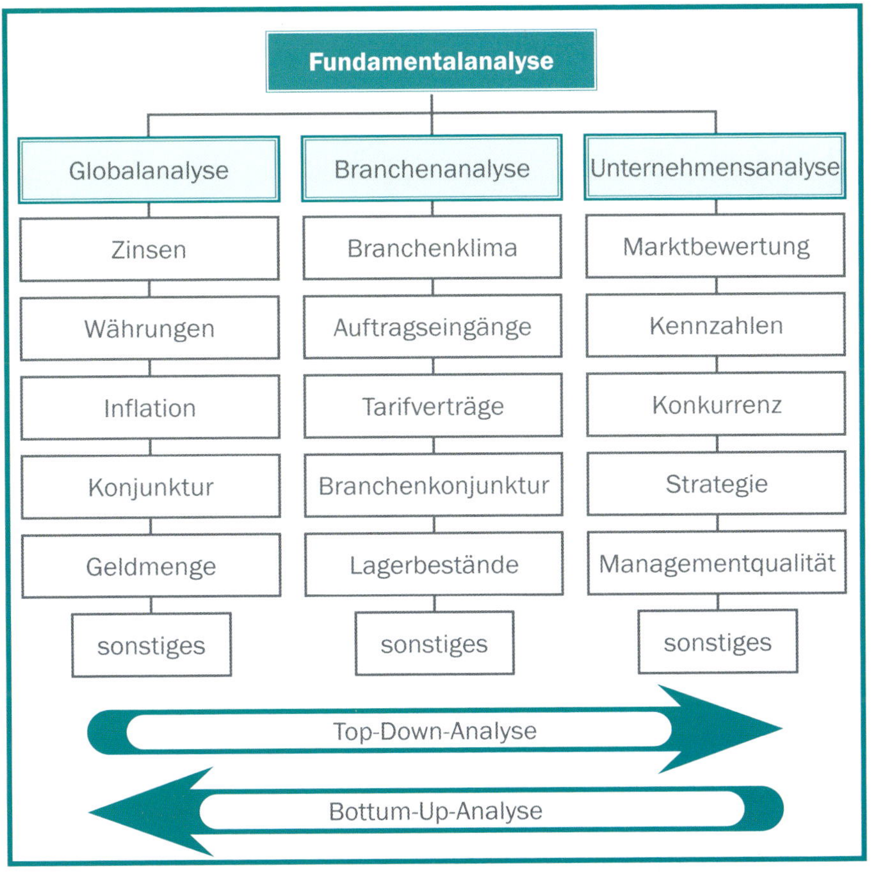

angemessen bewertet ist. Wird eine Aktie als billig eingestuft, dann wird ein „Fundamentalist" eine Kaufempfehlung aussprechen. Im Analysten-Jargon heißt es dann „Kaufen", „Buy", „Strong Buy", „Übergewichten", „Outperform". Im Umkehrschluss wird eine überteuerte Aktie verkauft, wobei in der Analystensprache von „Verkaufen", „Sell", „Underperform", „Reduce" gesprochen wird. Entspricht der Kurs einer Aktie ungefähr dem inneren Wert, dann lautet das Analystenurteil: „Halten", „hold".

Über die in Zahlen gegossene Entwicklung und die aktuelle Lage eines Unternehmens gibt die sogenannte Finanzanalyse Aufschluss. Damit kann der wirtschaftliche und finanzielle Zustand eines Unternehmens beurteilt und somit auch Chancen und Risiken, die mit dem Kauf der Aktie verbunden sind, eingeschätzt werden. Dieser Teil der Unternehmensanalyse wird auch quantitative Fundamentalanalyse genannt, wofür Bilanz bzw. Gewinn- und Verlustrechnung die Ausgangsbasis bilden. Daher ist ein gewisses Grundverständnis für dieses wichtige und umfangreiche Zahlenwerk bei der fundamentalen Aktienanalyse erforderlich.

4.3. Geschäftsberichte als Informationsfundus für die Unternehmensanalyse

4.3.1. Finger weg von Aktien aus Open Market und Entry Standard

Börsennotierte Unternehmen müssen einer Reihe gesetzlicher Veröffentlichungspflichten nachkommen. Umfang und Ausmaß dieser Veröffentlichungspflichten hängen davon ab, in welchem Marktsegment die Aktien des jeweiligen Unternehmens gehandelt werden. Die geringsten Transparenzanforderungen müssen im Open Market (Freiverkehr) erfüllt werden. Meist genügen freiwillige Unternehmensinformationen, weshalb es schwierig bis unmöglich ist, eine verlässliche fundamentale Einschätzung vorzunehmen. Daher rate ich grundsätzlich, die Finger von Aktien aus diesem Marktsegment zu lassen. Das gleiche gilt für den Entry Standard. Dieser Bereich wurde geschaffen, um Unternehmen einen schnellen, kostengünstigen und unbürokratischen Zugang zum Kapitalmarkt zu ermöglichen. Privatanleger sollten aufgrund der hier nur rudimentär vorhandenen Informationen (oft wird nicht einmal ein Börsenprospekt aufgelegt) von Investments in solche Aktien Abstand nehmen.

Infrage kommen ausschließlich Papiere, die im Regulierten Markt (früher: Amtlicher Markt) gehandelt werden. Denn für diese gelten wesentlich strengere gesetzlich geregelte Zulassungsvoraussetzungen und Folgepflichten, wobei die Unternehmen im Regelfall (begründete Ausnahmen sind möglich) mindestens seit drei Jahren bestehen, über mehr als 1,25 Millionen Euro Eigenkapital verfügen müssen und der Streubesitzanteil 25 Prozent nicht unterschreiten darf. Unterschieden wird im Regulierten Markt zwischen General Standard und Prime Standard, wobei im Premiumsegment das höchste Transparenzlevel gegeben ist.

Veröffentlichungspflichten im General Standard:

- Veröffentlichung von Ad-hoc-Mitteilungen: Dabei müssen Insiderinformationen (wie z.B. bevorstehende Übernahmen, größere Investitionen, Überschreiten von Anteilsschwellen in 5%-Schritten etc.) unverzüglich veröffentlicht werden. Die Pflicht zur Ad-hoc-Publizität soll dem Missbrauch von Insiderkenntnissen entgegenwirken und die Markttransparenz im Sinne des Anlegerschutzes erhöhen.

- Anwendung internationaler Rechnungslegungsstandards (IFRS/IAS oder US-GAAP)

- Veröffentlichung eines Zwischenberichts (Halbjahresbericht)

Für den Prime Standard sind folgende zusätzlichen Transparenzanforderungen vorausgesetzt:

- Abschluss nach internationalen Rechnungslegungsstandards (IFRS oder US-GAAP)
- Veröffentlichung von Quartalsberichten auch in Englisch
- Pflege eines Unternehmenskalenders
- Durchführung mindestens einer Analystenkonferenz pro Jahr
- Veröffentlichung von Ad-hoc-Mitteilungen zusätzlich in englischer Sprache

Die Teilnahme am Prime Standard ist Voraussetzung für die Aufnahme in einen der Auswahlindizes der Deutschen Börse, wie Dax, MDax, SDax und TecDax. Analoge Vorschriften gibt es an allen großen Börsenplätzen der Welt.

4.3.2. Die Bilanz

Die Bilanz (von lat. „bilanx“ = Doppelwaage bzw. ital. „bilancia“ = Balkenwaage) ist die Gegenüberstellung des Vermögens (Aktiva) und der Verbindlichkeiten (Passiva) eines Unternehmens. Sie gibt Auskunft über die Herkunft und Verwendung der für die Führung des Geschäfts notwendigen finanziellen Mittel.

Schematisch und vereinfacht sieht eine Bilanz folgendermaßen aus:

Die linke Seite der Bilanz ist die Aktivseite, auf der die Verwendung der finanziellen Mittel dargestellt wird. Sie zeigt auf, welche Ansprüche das Unternehmen erworben hat. Dabei kann es sich um Geldmittel, Produktionsmittel, Rohstoffe, Vorprodukte,

Aktiva	Passiva
A. Anlagevermögen	**A. Eigenkapital**
I. Immaterielle Wirtschaftsgüter	**B. Rückstellungen**
II. Sachanlagen	1. Rückstellungen für ungewisse Verbindlichkeiten
1. Unbebaute Grundstücke	2. Steuerrückstellungen
2. Bebaute Grundstücke	3. Sonstige Rückstellungen
3. Gebäude	
4. Maschinen	
5. Betriebs- und Geschäftsausstattung	
6. Anzahlungen auf Anlagen im Bau	
III. Finanzanlagen	
B. Umlaufvermögen	**C. Verbindlichkeiten**
I. Vorräte	1. Anleihen
1. Roh-, Hilfs-, Betriebsstoffe	2. Verbindlichkeiten gegenüber Kreditinstituten
2. Unfertige Erzeugnisse	3. Erhaltene Anzahlungen
3. Fertige Erzeugnisse und Waren	4. Verbindlichkeiten aus Lieferungen und Leistungen
4. Geleistete Anzahlungen	5. Verbindlichkeiten aus Schuldwechseln
II. Forderungen und sonstige Vermögensgegenstände	6. Sonstige Verbindlichkeiten
1. Forderungen aus Lieferungen und Leistungen	
2. Sonstige Vermögensgegenstände	
III. Wertpapiere	
IV. Guthaben bei Kreditinstituten	
1. Postgiroguthaben	
2. Kasse	
C. Rechnungsabgrenzungsposten	**D. Rechnungsabgrenzungsposten**

Gebäude, Fahrzeuge und andere materielle Güter handeln. Zusätzlich werden auch sogenannte immaterielle Güter wie Patente oder Markennamen in Geldwerten zum Bilanzstichtag aufgeführt. Unterteilt werden die Aktiva in Anlage- und Umlaufvermögen sowie Rechnungsabgrenzungsposten. Unter Anlagevermögen sind all jene Positionen zu verstehen, die dem Betrieb dauerhaft beziehungsweise langfristig zur Erreichung der Unternehmensziele zur Verfügung stehen. Die Positionen des Umlaufvermögens werden kurzfristig umgesetzt oder verbraucht und stehen daher nicht dauerhaft dem Geschäftsbetrieb zur Verfügung. Unter Rechnungsabgrenzungsposten sind Korrekturen bzw. Wertberichtigungen zu verstehen, um die tatsächlichen Vermögensverhältnisse zum Bilanzstichtag ordnungsgemäß wiederzugeben.

Auf der rechten Bilanzseite, der Passivseite, wird die Herkunft der finanziellen Mittel beschrieben, womit hier die Finanzierungs- beziehungsweise Kapitalstruktur eines Unternehmens ersichtlich ist. Unterschieden wird dabei insbesondere zwischen Eigen- und Fremdkapital. Das Eigenkapital unterliegt keinem Rückzahlungsanspruch. Bei Aktiengesellschaften handelt es sich hierbei um das Grundkapital sowie die durch das Unternehmen selbst erwirtschafteten Rücklagen aus nicht ausgeschütteten Gewinnen. Unter Fremdkapital werden alle Finanzmittel aufgeführt, die von Dritten zeitlich befristet in das Unternehmen eingebracht wurden. Dazu zählen beispielsweise Bankkredite, gegebene Anleihen oder Lieferantenkredite.

4.3.3. Die Gewinn- und Verlustrechnung (GuV)

Die Gewinn- und Verlustrechnung (GuV) ist neben der Bilanz ein wichtiger Teil der Rechnungslegung und ein wesentlicher Bestandteil des Jahresabschlusses eines Unternehmens. Die GuV stellt die Erträge und den Aufwendungen des Berichtszeitraumes gegenüber und weist dadurch Zusammensetzung, Höhe und jeweilige Herkunft des Unternehmenserfolges, also des erwirtschafteten Gewinnes oder des erlittenen Verlustes, aus.

Das Schaubild auf der nächsten Seite zeigt eine von mehreren Möglichkeiten der Gliederung der GuV:

Nach deutschem Handelsgesetzbuch werden in der GuV das „Ergebnis der gewöhnlichen Geschäftstätigkeit“ und das „außerordentliche Ergebnis“ unterschieden. In das Erste fließen Aufwendungen und Erträge ein, die für den Geschäftsbetrieb des Unternehmens typisch sind, inklusive des Finanzergebnisses. Im außerordentlichen Ergebnis hingegen werden die

1.	Umsatzerlöse
2.	Herstellungskosten der zur Erzielung der Umsatzerlöse erbrachten Leistungen
3.	Bruttoergebnis vom Umsatz
4.	Vertriebskosten
5.	Allgemeine Verwaltungskosten
6.	sonstige betriebliche Erträge
7.	sonstige betriebliche Aufwendungen
8.	Erträge aus Beteiligungen, davon aus verbundenen Unternehmen
9.	Erträge aus anderen Wertpapieren und Ausleihungen des Finanzlagevermögens, davon aus verbundenen Unternehmen
10.	sonstige Zinsen und ähnliche Erträge
11.	Abschreibungen auf Finanzlagen und auf Wertpapiere des Umlaufvermögens
12.	Zinsen und ähnliche Aufwendungen
13.	Ergebnis der gewöhnlichen Geschäftstätigkeit
14.	außerordentliche Erträge
15.	außerordentliche Aufwendungen
16.	außerordentliches Ergebnis
17.	Steuern vom Einkommen und Ertrag
18.	sonstige Steuern
19.	**Jahresüberschuss / Jahresfehlbetrag**

Ertragsbestandteile zusammengefasst, die an sich nichts mit dem laufenden Geschäftsbetrieb zu tun haben. Hierbei handelt es sich um ungewöhnliche und selten auftretende Vorfälle, bei denen nicht mit einer Wiederholung zu rechnen ist.

4.3.4. Anhang und Lagebericht

Als weiterer Pflichtbestandteil der Rechnungslegung muss ein börsennotiertes Unternehmen einen Anhang sowie einen

Lageberichterstellen und veröffentlichen. Zweck des Anhanges ist es, eine den tatsächlichen Verhältnissen des Unternehmens entsprechende Darstellung der Vermögens-, Finanz- und Ertragslage zu geben. Dies geschieht insbesondere durch ergänzende quantitative und qualitative Informationen, die in Bilanz und GuV nicht enthalten sind oder enthalten sein können. So finden sich Erläuterungen zu den allgemeinen Grundsätzen der Bilanzierung, der Bewertung und von Währungsumrechnungen sowie ergänzende und korrigierende Informationen zur Bilanz und zur Gewinn- und Verlustrechnung im Anhang wieder. Auch bestimmte Verbindlichkeiten oder Forderungen, die nicht direkt in der Bilanz auftauchen, müssen im Anhang dargestellt und erläutert werden. Hier sind beispielsweise Derivate und sonstige Finanztermingeschäfte zu nennen, die unter Umständen sehr hohe positive oder negative Werte annehmen können.

Im Lagebericht schließlich soll die aktuelle und künftige Situation des Unternehmens hinsichtlich der Chancen und Risiken dargestellt werden. Der Gesetzgeber verlangt auch hier, dass in dem Bericht ein den tatsächlichen Verhältnissen entsprechendes Bild vermittelt wird.

4.3.5. Geschäftsberichte richtig lesen und interpretieren

Wie Sie gesehen haben, stellen Bilanz, GuV, Anhang und Lagebericht wichtige Informationsquellen für die Unternehmensanalyse dar. Das setzt jedoch voraus, dass diese Unterlagen richtig gelesen und interpretiert werden. So ist die Bilanz für sich allein genommen noch nicht aussagekräftig; erst in Verbindung mit den anderen Bestandteilen der Rechnungslegung, vor allem dem Anhang, erschließt sich das vollständige Bild.

Zudem ist darauf zu achten, nach welchen gesetzlichen Anforderungen der Abschluss erstellt worden ist. Vor allem, wenn unterschiedliche Unternehmen miteinander verglichen werden sollen, ist auf Einheitlichkeit bei den Vorschriften zu achten – ein manchmal nicht ganz einfaches Unterfangen. Allerdings wurde dieses Problem bei börsennotierten Unternehmen durch die EU gelöst. Denn diese müssen ihre Bilanzen nach den internationalen Bilanzierungsvorschriften IFRS erstellen.

Für einen aktuellen oder potenziellen Aktionär stehen bei der Bilanzanalyse primär die Ertragslage des Unternehmens und damit die Verzinsung des Überlassenen Kapitals, sowie die Chance auf einen möglichst hohen Unternehmenswert (der wiederum zu steigenden Kursen führt) im Vordergrund.

Einen Gläubiger hingegen, der Kredite gewährt, wird wiederum die Vermögens- und Finanzlage des Unternehmens mehr interessieren. Hier stehen vor allem die Informationen zur langfristigen Finanzkraft im Fokus, denn diese geben wichtige Hinweise auf die künftige Zahlungsfähigkeit.

Grundsätzlich muss bei der Lektüre von Bilanzen immer das folgende Sprichwort vor Augen gehalten werden:

„Eine schlechte Bilanz ist in Wahrheit noch viel schlechter, eine gute Bilanz ist in Wahrheit noch viel besser.“

Geht es einem Unternehmen schlecht, dann wird es versuchen, im für die Außendarstellung so wichtigen Jahresabschluss möglichst gut dazustehen. So werden alle möglichen (legalen) Bilanzierungstricks und -wahlrechte genutzt, um die Bilanz zu schönen. Umgekehrt bei Unternehmen, deren Geschäft brummt: Diese wollen sich oftmals ärmer rechnen, als sie tatsächlich sind, etwa weil das Finanzamt sonst die Hand noch weiter aufhält. Der geübte Bilanzleser kennt die Tricks beider Seiten. Es hilft ihm dabei ein Blick in den Anhang, in dem die jeweils angewendeten Bilanzierungsansätze erläutert werden müssen.

4.3.6. Warum Aktualität so wichtig ist

Die meisten Jahresabschlüsse sind bereits veraltet, wenn sie nach Monaten der Vorbereitung und der Zusammenstellung der Zahlen schlussendlich veröffentlicht werden. Die tatsächliche Lage des bilanzierenden Unternehmens kann zum Veröffentlichungszeitpunkt bereits eine ganz andere sein.

Um Entwicklungen möglichst zeitnah beobachten und überwachen zu können, ist die regelmäßige Lektüre aller veröffentlichten Finanzberichte (Jahresabschluss, Quartalsberichte, Zwischenberichte) ein absolutes Muss für jeden „Fundamentalisten“ – denn nichts ist so alt wie die Bilanz vom vergangenen Jahr! Und an der Börse wird schließlich nicht die aktuelle Lage, sondern die Zukunft gehandelt. Aber diese erschließt sich dem Investor nur, wenn er dabei die Gegenwart nicht außen vor lässt.

4.4. Die wichtigsten Finanzkennzahlen aus der Bilanz

Mit der Durchführung einer Unternehmensanalyse (Bilanz- oder Abschlussanalyse) will ein Analyst Informationen hinsichtlich der aktuellen und künftigen wirtschaftlichen Lage des untersuchten Unternehmens erhalten. Dabei werden verschiedene Finanzkennzahlen berechnet, die über die Fähigkeit Verbindlichkeiten zu bedienen (finanzwirtschaftliche Analyse) und die

Wahrscheinlichkeit der Erzielung künftiger Gewinne (erfolgswirtschaftliche und strategische Analyse) Auskunft geben sollen. Typischerweise läuft eine solche Bilanzanalyse wie folgt ab:

1. Informationen sammeln
2. Qualitative Bilanzanalyse
3. Aufbereitung des Zahlenwerks
4. Quantitative Bilanzanalyse
   a. Rentabilitätsanalyse
   b. Liquiditätsanalyse
   c. Vermögensanalyse
   d. Finanzierungsanalyse
   e. Ergebnisanalyse
5. Auswertung der Analyseergebnisse und Urteilsbildung

Schauen wir uns nun auf den nächsten Seiten die wichtigsten Finanzkennzahlen an, die speziell bei der Analyse von potenziellen Turnaround-Kandidaten im Auge zu behalten sind.

Um die Nachvollziehbarkeit besser gewährleisten zu können, werden alle Kennzahlen anhand des nachfolgenden Zwischenberichts für die ersten neun Monate 2016 von BASF dargestellt.

BASF – Zwischenbericht Januar – September 2016
Bilanz

Aktiva (Millionen €)	30.09.16	30.09.15	Veränd. %
Immaterielle Vermögenswerte	12.089	12.718	-5
Sachanlagen	25.335	23.778	7
At Equity bewertete Beteiligungen	4.443	4.543	-2
Sonstige Finanzanlagen	525	562	-7
Latente Steueransprüche	2.877	2.106	37
Übrige Forderungen und sonstiges Vermögen	1.186	2.003	-41
Langfristige Vermögenswerte	**46.455**	**45.710**	**2**
Vorräte	9.827	9.714	1
Forderungen aus Lieferungen und Leistungen	9.842	9.697	1
Übrige Forderungen und sonstiges Vermögen	3.478	4.294	-19
Kurzfristige Wertpapiere	41	20	105
Zahlungsmittel und Zahlungsmittelàquivalente	3.460	1.750	98
Vermögen von Veräußerungsgruppen	–	1.133	,
Kurzfristige Vermögenswerte	**26.648**	**26.608**	**0**
Gesamtvermögen	**73.103**	**72.318**	**1**

Passiva (Millionen €)	**30.09.16**	**30.09.15**	**Veränd. %**
Gezeichnetes Kapital	1.176	1.176	–
Kapitalrücklage	3.141	3.143	0
Gewinnrücklagen und Bilanzgewinn	30.823	29.777	4
Sonstige Eigenkapitalposten	-6.099	-4.617	-32
Eigenkapital der Aktionäre der BASF SE	**29.041**	**29.479**	**-1**
Anteile anderer Gesellschafter	696	602	16
Eigenkapital	**29.737**	**30.081**	**-1**
Rückstellungen für Pensionen und ähnliche Verpflichtungen	9.865	7.471	32
Sonstige Rückstellungen	3.4337	3.262	2
Latente Steuerschulden	2.825	3.364	-16
Finanzschulden	10.478	11.364	-8
Übrige Verbindlichkeiten	874	812	8
Langfristiges Fremdkapital	**27.379**	**26.273**	**4**
Verbindlichkeiten aus Liefe-rungen und Leistungen	3.875	3.953	-2
Rückstellungen	2.834	3.011	-6
Steuerschulden	1.479	1.264	17
Finanzschulden	5.319	4.150	28
Übrige Verbindlichkeiten	2.480	3.053	-19
Schulden von Veräußerungs-gruppen	–	533	,
Kurzfristiges Fremdkapital	**15.987**	**15.964**	**0**
Gesamtkapital	**73.103**	**72.318**	**1**

4.4.1. Bilanzsumme

Die Bilanzsumme ist die am einfachsten zu ermittelnde Finanzkennzahl. Sie kann direkt aus der Bilanz entnommen werden und entspricht der Summe aller Aktiva oder aller Passiva. Dabei müssen beide Seiten einer Bilanz gleich groß sein. Daher rührt auch die Wurzel des Begriffes Bilanz: das lateinische Wort „bilanx" bezeichnet eine Waage mit zwei Schalen, die im Gleichgewicht ist, wenn beide Schüsseln gleich schwer sind.

Die Bilanzsumme ist eine absolute Kennzahl, mit der Unternehmen einer Branche hinsichtlich Größe und Kapitalintensität verglichen werden können. Jedoch ist die Aussagekraft eines solchen Vergleiches sehr eingeschränkt, wenn nur die Bilanzsumme als einziges Kriterium herangezogen wird. Denn diese sagt noch nichts über Erfolg oder Misserfolg eines Unternehmens aus.

Denken Sie etwa an General Motors, den einst weltgrößten Automobilhersteller, der schließlich trotz seiner schieren Größe in Konkurs ging. Gemäß dem Motto „Size doesn't matter" sagt diese absolute Größenkennzahl allein also noch nicht viel über ein Unternehmen aus, weshalb noch andere Kennzahlen und Kriterien herangezogen werden müssen.

Die Bilanzsumme hat jedoch bei der Ermittlung weiterer, sogenannter relativer Kennzahlen eine wichtige Funktion inne: Sie ist dann Bezugsgröße, um die Vermögens-, Finanz- und Ertragslage eines Unternehmens beurteilen zu können. Doch dazu später mehr. In unserem Beispiel der BASF Gruppe beträgt die Bilanzsumme auf beiden Seiten der Bilanz per 30. September 2016 (Gesamtvermögen bzw. Gesamtkapital) 73,103 Milliarden Euro.

4.4.2. Eigenkapital und Eigenkapitalquote

Eine dieser relativen Kennzahlen, bei der die Bilanzsumme als Bezugswert herangezogen wird, ist die Eigenkapitalquote. Sie wird ermittelt, in dem das bilanziell ausgewiesene Eigenkapital ins Verhältnis zur Bilanzsumme bzw. zum Gesamtkapital gesetzt wird.

Eigenkapitalquote = Eigenkapital / Bilanzsumme

Ein Teil des Eigenkapitals einer Aktiengesellschaft wurde direkt von den Eigentümern, also den Aktionären, durch die Zeichnung von Aktien zur Verfügung gestellt. Dieses Kapital findet sich in der Bilanz vor allem in den Positionen Gezeichnetes Kapital oder Grundkapital wieder. Hinzu kommen Eigenkapitalbestandteile, die indirekt von den Aktionären stammen. So erhöhen nicht ausgeschüttete Gewinne das Eigenkapital, stehen dem Unternehmen dauerhaft zur Verfügung und sind in den Bilanzpositionen Gewinnrücklagen und Bilanzgewinn enthalten. Unter Umständen können kleinere Korrekturpositionen das Eigenkapital erhöhen oder reduzieren.

Die Eigenkapitalquote der BASF Gruppe beträgt in unserem Beispiel:

Eigenkapitalquote = 29,737 / 73,103 = 40,7%

Der Anteil des Eigenkapitals, also des direkt und indirekt eingebrachten Kapitals der Eigentümer, an der gesamten Kapitalausstattung beträgt im Fall BASF also mehr als ein Drittel.

Bei der Interpretation und dem Vergleich der Eigenkapitalquote zwischen verschiedenen Unternehmen, Branchen oder Ländern ist es wichtig zu wissen, dass es hier traditionell aufgrund der unterschiedlichen Geschäftsmodelle bzw. –zweige oder der unterschiedlichen Finanzierungsgewohnheiten große Unterschiede in der Eigenkapitalausstattung gibt. So haben Banken und Handelsunternehmen traditionell eine im Vergleich zu Industrieunternehmen niedrige Eigenkapitalquote. Generell kann gesagt werden:

Je höher die Anlagenintensität (Verhältnis von Anlagevermögen zum Gesamtvermögen) ist, desto höher sollte auch das Eigenkapital eines Unternehmens sein. Denn das Eigenkapital hat die wichtige Funktion, als Auffangpuffer für Verluste zu dienen. Analog zu den nicht ausgeschütteten Gewinnen, die das Eigenkapital erhöhen, wird dieses durch Verluste reduziert. Daher:

Je höher der Anteil des Eigenkapitals am Gesamtkapital ist, desto besser ist ein Unternehmen gegen Verluste, Überschuldung und letztlich Konkurs gefeit. Es erhält, ähnlich wie vermögende Privatpersonen, leichter Zugang zu Krediten und findet eher Investoren, die bereit sind, Geld in die Firma einzubringen. Jedoch kann im Hinblick auf die Verzinsung des Eigenkapitals eine zu hohe Eigenkapitalquote weniger sinnvoll sein. Denn:

Je geringer die Eigenkapitalquote ist, desto höher wird die Verzinsung des Eigenkapitals sein, weil der Gewinn des Unternehmens dann auf weniger Eigenkapital verteilt werden muss. Hierzu schauen wir uns später die Kennzahl Eigenkapitalrendite genauer an. Fremdkapitalgeber hingegen, die eine Rückzahlung ihrer Investition erwarten und deshalb möglichst viel Eigenkapital als Sicherheit wünschen, haben dementsprechend andere Interessen als Eigenkapitalgeber.

4.4.3. Fremdkapital, Fremdkapitalquote und Verschuldungsgrad

Unter Fremdkapital sind die Verbindlichkeiten, also die Schulden eines Unternehmens zu verstehen. Die Fremdkapitalquote errechnet sich analog zur Eigenkapitalquote, in dem das Fremdkapital ins Verhältnis zur Bilanzsumme gesetzt wird:

Fremdkapitalquote = (kurzfristiges + langfristiges Fremdkapital) / Bilanzsumme

Die Fremdkapitalquote der BASF Gruppe berechnet sich für die ersten neun Monate 2016 dementsprechend:

Fremdkapitalquote = (15,987 + 27,379) / 73,103
= 59,3%

Diese Kennzahl dient dazu, das Kapitalrisiko zu beurteilen. Je höher die Fremdkapitalquote ist, desto schwieriger wird aufgrund der bereits erreichten Verschuldung die Aufnahme neuer Kredite. Die Abhängigkeit von Banken und sonstigen Fremdkapitalgebern steigt in diesem Fall ebenfalls an.

Eigenkapitalquote und Fremdkapitalquote ergeben in der Summe 100%. Kein Wunder, da sich das Gesamtkapital bzw. die Bilanzsumme aus Eigen- und Fremdkapital zusammensetzt. Je höher also die Eigenkapitalquote, desto geringer die Fremdkapitalquote und umgekehrt.

Der Verschuldungsgrad eines Unternehmens wird errechnet, indem das Fremdkapital in Relation zum Eigenkapital gesetzt wird:

Verschuldungsgrad = Fremdkapital / Eigenkapital

Bei BASF errechnet sich per 30.9.2016 folgender Verschuldungsgrad:

Verschuldungsgrad = (15,987 + 27.379) / 29,737
= 145,8%

Als Faustregel kann ein Verschuldungsgrad von unter 200% – also wenn das Fremdkapital das Eigenkapital nicht mehr als um das Doppelte übersteigt – positiv eingestuft werden. Allerdings sind auch hier branchenspezifische Besonderheiten zu beachten, die – zum Beispiel auch aus Renditegesichtspunkten – weit höhere Verschuldungsgrade zulassen.

4.4.4. Liquiditätskennziffern

Nicht nur die Frage, in welchem Verhältnis von Eigen- und Fremdkapital ein Unternehmen finanziert ist, also eher die langfristige Sicht auf die finanzielle Stabilität eines Unternehmens, auch die kurzfristige Sicht spielt für Investoren, Lieferanten, Geschäftspartner und Mitarbeiter eine wichtige Rolle. Geht es doch dabei auch um die kurzfristige Sicherstellung einer ausreichenden Liquidität, damit die kurzfristigen Schulden und Verbindlichkeiten auch fristgerecht bedient und zurückbezahlt werden können. Hierbei haben sich für die Messung der Zahlungsfähigkeit verschiedene Liquiditätsgrade bewährt, die jeweils in Abhängigkeit von der Verfügbarkeit flüssiger Mittel errechnet werden.

Bei der Liquidität 1. Grades werden die zur Zahlung von Schulden bereitstehenden Mittel den kurzfristigen Verbindlichkeiten gegenübergestellt:

Liquidität 1. Grades =
(flüssige Mittel / kurzfristige Verbindlichkeiten) * 100%

Dabei gilt:

Flüssige Mittel sind Schecks, Bank- und Kassenbestand, diskontfähige Wechsel (also Zahlungsmittel und Zahlungsmitteläquivalente)

Kurzfristige Verbindlichkeiten sind Verbindlichkeiten mit einer Restlaufzeit von bis zu einem Jahr + sonstige kurzfristige Rückstellungen.

Nimmt die so gemessene Liquidität 1. Grades einen Wert von über 100% an, so können allein mit dem Bestand an liquiden Mitteln alle kurzfristigen Verbindlichkeiten beglichen werden. In einem solchen Fall wäre die Zahlungsfähigkeit des Unternehmens sehr hoch. Jedoch ist ein so hoher Anteil an Liquidität nicht notwendig, da das Unternehmen ja selbst noch kurzfristige Forderungen an seine Kunden hat und durch deren Begleichung regelmäßig Liquidität eingenommen wird. So sollte die Liquidität 1. Grades sinnvollerweise im Bereich von 10% bis 30% liegen, da unnötige Kassehaltung teuer ist. In Krisenzeiten jedoch haben Unternehmen zur Überwindung einer möglicherweise länger andauernden Durststrecke höhere Liquiditätsbestände angehäuft, um bei einer Verschlimmerung der Lage zahlungsfähig zu bleiben.

Am Beispiel der BASF Gruppe kann diese Kennzahl nun wie folgt berechnet werden:

$$\text{Liquidität 1. Grades} = 3{,}460 / 15{,}987 * 100\% = 21{,}6\%$$

Ein erweiterter Liquiditätsbegriff, der die eigenen Forderungen des Unternehmens als Quasi-Liquidität berücksichtigt, ist die Liquidität 2. Grades:

Liquidität 2. Grades =
(flüssige Mittel + kurzfr. Forderungen) / kurzfr. Verbindl.
* 100%

BASF weist hier folgenden Wert aus:

Liquidität 2. Grades =
(2,460 + 0,041 + 3,478 + 9,847) / 15.987 * 100%
= 98,99%

Hinzu kommt noch die Liquidität 3. Grades, bei der die vorhanden Vorräte zu den liquiden Mitteln gezählt werden:

Liquidität 3. Grades =
(flüssige Mittel + kurzfr. Forderungen + Vorräte) /
kurzfristige Verbindlichkeiten * 100%

Bei BASF ergibt sich:

Liquidität 3. Grades =
(2,460 + 0,041 + 3,478 + 9,847 + 9,827) /
15,987 * 100% = 160,5%

Bei der Beurteilung der Liquiditätsausstattung anhand dieser Kennzahlen sollte beachtet werden, dass eine vollends gesicherte Aussage zur Liquiditätsentwicklung eines Unternehmens nicht getroffen werden kann, da hierzu weitere gegebenenfalls noch nicht bilanzierte künftige Zahlungsströme zu berücksichtigen sind. Zudem muss beachtet werden, dass eine Bilanz nur eine Stichtagsbetrachtung darstellt und davon ausgegangen werden muss, dass sich sowohl die liquiden Mittel als auch die kurzfristigen Verbindlichkeiten seit dem Bilanzstichtag bereits wieder verändert haben. Die Aussagekraft dieser Liquiditätskennzahlen ist deshalb eher eingeschränkt, sie geben jedoch einen ersten Einblick in die Finanzsituation eines Unternehmens.

4.4.5. Buchwert und Marktwert

Sie werden sich bestimmt schon einmal gefragt haben, warum es bei Aktien zu so großen Diskrepanzen zwischen dem Nennwert und den Börsenkursen gibt. Beispielsweise wenn Aktien, die einen Anteil von 5 Euro am Grundkapital eines Unternehmens repräsentieren, an der Börse zu zehn Euro gehandelt werden. Während andere Aktien mit dem gleichen Nennwert nur auf einen Börsenwert von zwei Euro kommen. Hierzu müssen wir uns zwei Kennzahlen genauer anschauen: den Buchwert eines Unternehmens und dessen Marktwert.

- Unter dem Buchwert einer Aktiengesellschaft wird der Wert des Eigenkapitals, so wie es in der Bilanz ausgewiesen wird, verstanden. Darin sind neben dem Grundkapital alle weiteren zum Eigenkapital zählenden Bestandteile enthalten. Somit handelt es sich quasi um das Reinvermögen eines Unternehmens nach Abzug aller Fremdkapitalbestandteile.

- Der Marktwert einer Aktiengesellschaft ergibt sich hingegen aus dem aktuellen Börsenkurs einer Aktie, multipliziert mit der Anzahl aller ausgegebenen Aktien. Er entspricht somit der augenblicklichen Einschätzung an der Börse.

Der Buchwert stellt eigentlich nur eine grobe Annäherung dar, da bei dieser Betrachtung davon ausgegangen wird, dass das in der Bilanz ausgewiesene Eigenkapital der Höhe nach korrekt ist. Dies ist jedoch relativ unwahrscheinlich, denn hierfür muss der tatsächliche Wert vor allem der vorhandenen Vermögenswerte mit den in der Bilanz ausgewiesenen Werten übereinstimmen. Ist aber nun ein Grundstück, das bereits vor 30 Jahren gekauft wurde, immer noch mit dem ursprünglichen Kaufpreis in der Bilanz aufgeführt, so dürfte das bilanzielle Eigenkapital als zu niedrig ausgewiesen sein, wenn der Wert des Grundstücks seit dem Kaufzeitpunkt gestiegen ist. In der Praxis wird deshalb zwischen dem „echten" Buchwert und dem Buchwert der Bilanz eine mehr oder minder große Abweichung bestehen, was zumindest teilweise die Abweichung zwischen Buchwert und Marktwert erklärt. Analysten versuchen deshalb, diesen „wahren" Buchwert einer Aktiengesellschaft zu ermitteln, indem sie die echten Werte der einzelnen Vermögenspositionen schätzen. Dieser Wert, der Substanzwert des Unternehmens, kann dann dem Marktwert gegenübergestellt werden. Dadurch lässt sich ablesen, ob ein Unternehmen eventuell im Vergleich zu seinem Substanzwert eher billig oder eher teuer an der Börse notiert.

In unserem Beispiel betrug der aus der Bilanz per 30.9.2016 ablesbare Buchwert (=Eigenkapital) von BASF 29,74 Milliarden Euro. Zu diesem Stichtag wurde der Ludwigshafener Konzern an der Börse mit 69,6 Milliarden Euro bewertet (Aktienkurs 75,80 * 918,5 Millionen umlaufende Aktien) – eine gravierende Abweichung (um mehr als das Doppelte) also zwischen Buchwert und Marktwert des Unternehmens.

4.5. Die wichtigsten Finanzkennzahlen aus der GuV

Nachdem wir uns einige Zahlen und Relationen de Bilanzanalyse angesehen haben, tauchen wir nun ein wenig tiefer in die Gewinn- und Verlustrechnung ein, um dort einige für die Bewertung von Aktien wichtigen Begriffe und Kennzahlen kennen zu lernen. Auch hierfür bedienen wir uns des

Neunmonats-Abschlusse per 30. September 2016 der BASF Gruppe. Hier ein Auszug aus der vereinfachten GuV des Unternehmens zu diesem Stichtag:

BASF – Zwischenbericht Januar – September 2016
Kennzahlen der BASF-Gruppe

	Januar-September		
Millionen €	2016	2015	Veränd. %
Umsatz	42.704	56.569	-25
Ergebnis der Betriebstätigkeit vor Abschreibungen (EBITDA)	8.039	8.756	-8
Ergebnis der Betriebstätigkeit (EBIT) vor Sondereinflüssen	5.129	5.716	-10
Ergebnis der Betriebstätigkeit (EBIT)	5.048	5.923	-15
Finanzergebnis	–648	-491	-32
Ergebnis vor Ertragsteuern	4.400	5.432	–19
Jahresüberschuss nach Anteilen anderer Gesellschafter	3.367	3.648	–8
Ergebnis je Aktie in €	3,67	3,97	–8
Bereinigtes Ergebnis je Aktie[1] in €	4,04	3,99	1
Cashflow aus betrieblicher Tätigkeit	5.840	8.494	-31
Investitionen[2]	2.958	4.357	-32
Forschungskosten	1.324	1.456	-9
Abschreibungen[2]	2.991	2.833	6
Vermögen der Segmente (30. Sep.)[3]	73.103	72.318	1
Personalaufwand	7.432	7.718	-4
Mitarbeiterzahl (30. September)	112.055	112.981	-1

1 Erläuterung siehe „Ermittlung des bereinigten Ergebnisses je Aktie“

2 Immaterielle Vermögenswerte und Sachanlagen (inklusive Akquisitionen)

3 Immaterielle Vermögenswerte, Sachanlagen, Vorräte und geschäftsbedingte Forderungen

4.5.1. Umsatz und Erlöse

Unter Umsatz wird in der Betriebswirtschaft der Gegenwert in Form von Geld oder Forderungen verstanden, der einem Unternehmen aus dem Absatz von Leistungen (Güter und/oder Dienstleistungen) zufließt. Der Umsatz ergibt sich durch Multiplikation der verkauften Menge mit dem Preis pro verkaufter Einheit. Die Ausdrücke Erlöse, Umsatz und Umsatzerlöse werden synonym verwendet und bedeuten allesamt dasselbe. Bei der Berechnung des in der GuV ausgewiesenen Umsatzes wird immer von Nettoerlösen ausgegangen. Diese sind die bereits um Gutschriften, Skonti, Rabatte und sonstigen Reduktionen verminderten Bruttoerlöse. In der GuV ist der Umsatz in der Regel der größte Posten, er steht auch am Beginn der Berechnungskette. Denn davon ausgehend wird durch Addition oder Subtraktion der weiteren GuV-Bestandteile der Gewinn des Unternehmens ermittelt. Der Netto-Umsatz der BASF Gruppe betrug im Berichtszeitraum 42,7 Milliarden Euro.

4.5.2. Abschreibungen und Wertberichtigungen

Unter einer Abschreibung wird eine buchhalterische Maßnahme verstanden, mit der die Leistungs- und Wertminderung eines für den Geschäftsbetrieb notwendigen Gutes infolge von Benutzung, Verbrauch oder Alterung gewinnreduzierend zum Ausdruck gebracht wird. Planmäßige Abschreibungen verteilen den Anschaffungsaufwand gerechterweise auf die Lebens- oder Nutzungsdauer eines Gutes (z.B. einer Maschine), sodass im Jahr des Kaufes keine zu hohen Kosten den Gewinn belasten, sondern diese eben über einen längeren Zeitraum verteilt werden. Anders hingegen bei außerplanmäßigen Abschreibungen, auch Wertberichtigungen genannt: Diese werden erforderlich, wenn die Wertminderung eines Gutes durch unvorhergesehene Ereignisse wie Unfallschäden oder einen irreparablen Defekt über die eigentlich vorgesehene planmäßige Abschreibung hinausgehen. Doch nicht nur Güter können und müssen berücksichtigt werden. Auch Forderungen oder zur Kapitalanlage gehaltene Wertpapiere können an Wert verlieren und müssen dann unter Umständen auch wertberichtigt werden, was den Gewinn ebenfalls negativ belastet.

BASF hat im Berichtszeitraum insgesamt Abschreibungen von 2,991 Milliarden Euro vornehmen müssen. Um ein genaueres Bild über Art und Anlass der Abschreibungen zu bekommen, müssen die Angaben dem Anhang entnommen werden. Neben der Beurteilung der laufenden, planmäßigen Abschreibungen sind vor allem auch die außerplanmäßigen von Interesse. Denn oft sind es diese, die ein Unternehmen in die Krise schlittern lassen.

4.5.3. Gewinnbegriffe

Das übergeordnete Ziel eines jeden wirtschaftlich Handelnden ist sicherlich – Ausnahmen bestätigen die Regel – die Maximierung des Gewinns. Dies trifft natürlich auch auf börsennotierte Aktiengesellschaften zu, die im Sinne ihrer Aktionäre möglichst hohe Profite erwirtschaften wollen. Doch Achtung: Wenn es um den Begriff oder die Definition von „Gewinn“ geht, dann ist höchste Vorsicht geboten. Es gibt unzählige Arten und Definitionen von „Gewinn“, und in den vergangenen Jahren kamen aufgrund der auch bei uns immer öfter angewandten internationalen Rechnungslegung noch etliche Gewinnbegriffe hinzu. Trotz der verwirrenden Vielfalt haben sämtliche Gewinnbegriffe jeweils ihre Daseinsberechtigung, da alle jeweils einen anderen Teilaspekt des Gewinnermittlungsschemas repräsentieren. Schauen wir uns einmal die wichtigsten Gewinnbegriffe etwas genauer an.

Beginnen wir mit dem sogenannten EBIT: Die absolute Ertragskennzahl „EBIT“ (Earnings Before Interests and Taxes) ist eine international angewandte Kennzahl zur Ermittlung der operativen Ertragskraft eines Unternehmens. In der Unternehmensanalyse wird das EBIT zur Ermittlung des ordentlichen Betriebsergebnisses herangezogen. Das ist das Ergebnis vor Zinsen und Steuern. Sämtliche nicht der eigentlichen betrieblichen Tätigkeit zuzuordnenden Aufwendungen werden herausgerechnet, um so alle verzerrenden Einwirkungen zu eliminieren. Ziel ist es, einen unverzerrten Einblick in die tatsächliche geschäftliche Situation einer Gesellschaft zu erlangen und auch einen objektiveren Unternehmensvergleich anstellen zu können. Mit dem EBIT soll das erwirtschaftete Betriebsergebnis eines Unternehmens unabhängig von regional gültigen Besteuerungsregeln und unterschiedlichen Finanzierungsformen vergleichbar gemacht werden.

Das EBIT wird wie folgt berechnet:

EBIT =

	Jahresüberschuss
+/–	außerordentliches Ergebnis
+	Steueraufwand
–	Steuererträge
+/–	Finanzergebnis

Noch einen Schritt weiter geht das EBITA („Earnings Before Interests, Taxes and Amortisation“): Diese Kennzahl ist wie das EBIT nicht nur um das außerordentliche Ergebnis und das

Finanzergebnis sowie die Steuern bereinigt, sondern zusätzlich noch um die Abschreibungen auf immaterielle Vermögensgegenstände (Vgst) wie z.B. Firmenwertabschreibungen.

Berechnet wird das EBITA folgendermaßen:

EBITA =

	Jahresüberschuss
+/–	außerordentliches Ergebnis
+	Steueraufwand
–	Steuererträge
+/–	Finanzergebnis
+	Abschreibungen auf immaterielle Vgst.
-	Zuschreibungen auf immaterielle Vgst.

Um die Verwirrung zu vervollständigen gibt es noch das EBITDA, „Earnings Before Interests, Teaxes, Depreciation and Amortisation". Zu deutsch: Ergebnis vor Zinsen, Steuern und Abschreibungen auf Sachanlagen und immaterielle Vermögensgegenstände. Hier wird das erzielte Betriebsergebnis ohne jegliche Verzerrungen dargestellt.

Berechnet wird das EBITDA wie folgt:

EBITDA =

	Jahresüberschuss
+/–	außerordentliches Ergebnis
+	Steueraufwand
–	Steuererträge
+/–	Finanzergebnis
+	Abschreibungen auf immaterielle Vgst.
–	Zuschreibungen auf immaterielle Vgst.
+	Abschreibungen auf das Anlagevermögen
–	Zuschreibungen auf das Anlagevermögen

Diese Kennzahl ist durch das Herausrechnen zahlreicher Positionen der GuV nur eingeschränkt aussagefähig, da die regelmäßigen Abschreibungen auf die zur Produktion von Gütern benötigte Maschinen fehlen. Viele Unternehmen, die nach allen tatsächlich angefallenen Aufwendungen hohe Verluste erwirtschaften, nutzen das EBITDA im Rahmen der Finanzberichterstattung dazu, durch die Herausrechnung von Positionen noch irgend eine Art von Gewinn ausweisen zu können.

BASF geht hier vorbildlich vor und veröffentlicht neben dem EBITDA das EBITA und das EBIT. Zudem wird das Finanzergebnis separat ausgewiesen, ebenso die Höhe des Ergebnisses vor (Bruttoergebnis) und nach Steuern, also das tatsächliche Endergebnis (Nettoergebnis). Hier wird transparent, in welchen Bereichen des Unternehmens und aus welchen Gründen welche Gewinne oder Verluste anfallen. Direkt aus der Bilanz abzulesen ist dann noch der Bilanzgewinn oder der Bilanzverlust. Diese beiden Werte werden ermittelt, indem zum Jahresergebnis nach Steuern die Erhöhung der Gewinnrücklagen abgezogen sowie eventuelle Entnahmen aus den Gewinn- oder gar den Kapitalrücklagen addiert werden. Also die Werte, die auf das betriebliche „Sparkonto“ eingezahlt oder von diesem entnommen werden. Der Bilanzgewinn ist als Bemessungsgrundlage für die Ausschüttung von Dividenden ein relativ wenig aussagekräftiger Wert. Dividendenpolitik hat oft nicht viel mit der Ertragssituation zu tun, da auch Unternehmen, die keinen Gewinn erwirtschaften, durch Auflösung von Rücklagen eine Dividende ausschütten könnten.

4.5.4. Cashflow

Hinter dem Begriff „Cashflow“ (englisch für Geldfluss) verbirgt sich der tatsächliche Zufluss von bzw. Zuwachs an Geld in einem Unternehmen. Die Kennzahl Cashflow ist eine weitverbreitete Messgröße zur Bestimmung das aus der unternehmerischen Tätigkeit resultierenden Nettozuflusses an liquiden Mitteln während einer Bilanzperiode. Damit ist der Cashflow bestens dazu geeignet, Aussagen über die finanzielle Gesundheit eines Unternehmens zu treffen. Vor allem zeigt diese Kennzahl, inwiefern das untersuchte Unternehmen die für den laufenden Geschäftsbetrieb oder für Expansionen erforderlichen finanziellen Mittel selbst erwirtschaften kann. Bei einem negativen Cashflow muss auf Mittelzufluss von außen zurückgegriffen werden, Schulden können nur durch neue Schulden getilgt werden – auf Dauer keine gute Basis für das Überleben eines Betriebs. Ein positiver Cashflow hingegen ermöglicht es einem Unternehmen, Kredite aus eigener Kraft ordnungsgemäß und problemlos zu zurückzuzahlen.

Berechnet wird der Cashflow, in dem das bilanzielle Geschäftsergebnis um Effekte bereinigt wird, die nicht unmittelbar zum Abfluss von Geldmitteln führen. Denken Sie hier etwa an Abschreibungen, die zwar auf dem Papier den Wert einer Maschine und somit den Gewinn mindern, aber nicht zu einer tatsächlichen Auszahlung führen. Durch den Cashflow wird also versucht, die wirklich angefallenen Zahlungsströme darzustellen.

Bei der Unternehmensanalyse gibt der Cashflow vor allem darüber Auskunft,

- ob Investitionen aus eigener Kraft durchgeführt werden können, um die Wettbewerbsfähigkeit zu erhalten oder auszubauen,
- ob liquide Mittel für die Tilgung von Schulden, Zinszahlungen

und letztendlich auch zur Ausschüttung von Gewinnen an die Eigentümer vorhanden sind, und

- inwieweit Insolvenzgefahr besteht, da ein dauerhafter Abfluss von Finanzmitteln, ausgedrückt durch einen negativen Cashflow, unweigerlich zur Zahlungsunfähigkeit führt.

Ähnlich wie bei der Gewinnermittlung lassen sich verschiedene Cashflow-Arten berechnen:

	Ergebnis laut Gewinn- und Verlustrechnung
+	Abschreibungen auf das Anlagevermögung
–	Zuschreibungen auf das Anlagevermögen
+	Zuführungen zu den langfristigen Rückstellungen
–	Auflösung von langfristigen Rückstellungen
+	sonstige zahlungsunwirksame Aufwendungen
–	sonstige zahlungsunwirksame Erträge
	Brutto-Cashflow
+	Verminderung aktiver Rechnungsabgrenzungsposten (Forderungen, Vorräte)
–	Erhöhung aktiver Rechnungsabgrenzungsposten (Forderungen, Vorräte, etc.)
+	Erhöhung passiver Rechnungsabgrenzungsposten (Verbindlichkeiten)
–	Verminderung passiver Rechnungsabgrenzungsposten (Verbindlichkeiten)
	Cashflow aus laufender Geschäftstätigkeit (operativer Cashflow)
–	Ausgaben für Investitionen (Sachanlagen, immaterielle Vermögenswerte, Finanzanlagen)
+	Einnahmen aus Deinvestitionen (Verkauf von Sachanlagen, immateriellen Vermögenswerten, Finanzanlagen).
	Free Cashflow

Der so ermittelte Free Cashflow verdeutlicht, wie viel Geldmittel für Dividendenzahlungen, Aktienrückkäufe und die Rückführung von Krediten verbleiben. Vor allem für Banken und sonstige Gläubiger bildet diese Kennzahl eine wichtige Grundlage zur Einschätzung der Kreditwürdigkeit und Zahlungsfähigkeit.

4.5.5. Umsatzrendite

Durch die Ermittlung der Umsatzrendite erfährt der Analyst, wie viel Gewinn pro Euro Umsatz im betrachteten Zeitraum „hängen bleibt“. Wurde bei einem Umsatz von 100 Euro ein Gewinn in Höhe von 5 Euro erwirtschaftet, dann errechnet sich eine Umsatzrendite von 5%. Die Formel:

Umsatzrendite = Gewinn / Umsatz * 100%

So hat beispielsweise die BASF Gruppe im in den ersten neun Monaten 2016 bei einem Umsatz von 42,704 Milliarden Euro einen Gewinn von 3,367 Milliarden Euro erzielt. Für den Ludwigshafener Chemiekonzern errechnet sich daher:

Umsatzrendite BASF = 3,367 / 42,704 * 100% = 7,9%

Damit ist die Profitabilität von BASF in den ersten neun Monaten 2015 etwas gestiegen, denn im Vorjahres-Vergleichszeitraum betrug die Umsatzrendite noch 6,4%.

Sofern keine außerordentliche Faktoren vorliegen, liefert die Umsatzrendite im Normalfall wichtige Hinweise auf die Stellung eines Unternehmens am Markt und auf Marktmacht bei der Festlegung von Preisen. Je größer die Marktmacht ist, desto höher wird auch die erzielbare Umsatzrendite sein. Eine niedrige Umsatzrendite deutet normalerweise auf einen heiß umkämpften und wettbewerbsintensiven Markt hin. Im Falle von BASF dürften die 2016 weltweit anziehende Wirtschaftskonjunktur die Umsatzrendite verbessert haben.

4.5.6. Eigenkapitalrendite und Leverage Effekt

Die Eigenkapitalrendite (auch „Return on Equity“ bzw. ROE genannt) zeigt auf, wie hoch sich das von den Eigentümern zur Verfügung gestellt Kapital eines Unternehmens innerhalb einer Berichtsperiode verzinst hat. Anhand dieser Kennzahl lässt sich für Investoren ablesen, ob ein Investment in des Unternehmen eine höhere oder niedrigere Verzinsung abwirft als andere Kapitalanlagen mit vergleichbarem Risiko. Hierzu wird das Periodenergebnis eines Unternehmens wie folgt ins Verhältnis zum Eigenkapital gesetzt:

Eigenkapitalrendite = Gewinn / Eigenkapital * 100%

Für die BASF Gruppe errechnet sich somit für das die ersten neun Monate 2016:

Eigenkapitalrendite BASF = 3.367 / 29,737 * 100%
= 11,3%

Zu beachten ist bei dieser Kennzahl, dass die Rentabilität des Eigenkapitals (ROE) bei steigendem Fremdkapitalanteil exponentiell steigt, so lange die Rentabilität des Gesamtkapitals größer ist, als die Kosten des Fremdkapitals. Im Extremfall (bei einem sehr hohen Fremdkapitalanteil und entsprechend niedrigen Eigenkapitalanteil) steigt die Eigenkapitalrendite gegen Unendlich. Dieses Phänomen wird als Leverage-Effekt bezeichnet. Grafisch lässt sich dies in folgendem Diagramm veranschaulichen:

Allerdings wird es für ein Unternehmen bei sinkendem

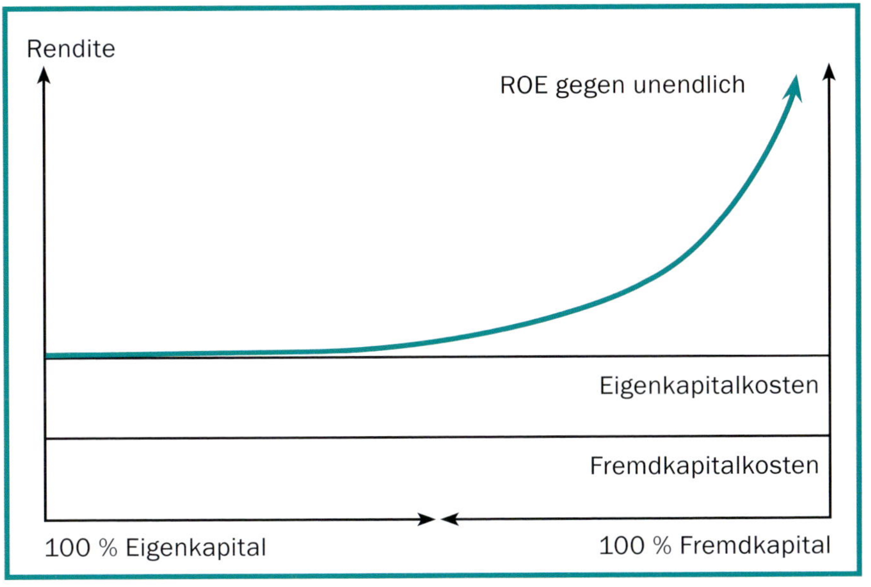

Eigenkapital zunehmend schwieriger, Kredite zu erhalten und es nimmt die Krisenanfälligkeit zu. Mehr Rendite ist auch in diesem Fall mit mehr Risiko verbunden.

4.6. Die wichtigsten Kennziffern zur Aktienbewertung

Nachdem Sie nun das betriebswirtschaftliche Rüstzeug erhalten haben, wie im Zuge der Unternehmensanalyse wichtige Kennzahlen aus dem Rechenwerk einer Aktiengesellschaft berechnet und interpretiert werden können, schauen wir uns in der Folge an, wie mit deren Hilfe die Attraktivität einer Aktie beurteilt werden kann. Auch hierzu steht eine Reihe von Bewertungskennziffern zur Verfügung.

4.6.1 Kurs-Gewinn-Verhältnis (KGV)

Zentrale Größe für die Bewertung einer Aktie ist sicherlich die Höhe, die Qualität und Nachhaltigkeit des von einer Aktiengesellschaft erzielten und erzielbaren Gewinns. Je höher der Gewinn pro Aktie ausfällt, desto wertvoller wird eine Aktie sein und desto höher wird ihr Börsenkurs sein. Eine Kennzahl, mit der sich feststellen lässt, mit dem Wievielfachen des Gewinns eine Aktie aktuell an der Börse bewertet wird, ist das Kurs-Gewinn-Verhältnis (KGV), im Englischen auch Price-Earning-Ratio (PER) genannt. Bei der Berechnung des KGVs wird überlicherweise ein um Sondereinflüsse bereinigter Gewinn angesetzt. Dieser wird in Deutschland oft nach dem sogenannten DVFA-Schema (DVFA steht für Deutsche Vereinigung für Finanzanalyse und Asset Management) ermittelt, indem außerordentliche Effekte aus dem Jahresüberschuss herausgerechnet werden, um so den „echten" Gewinn des Unternehmens zu ermitteln. Die Formel lautet:

Kurs-Gewinn-Verhältnis = Aktienkurs / Gewinn je Aktie

Ein niedriges KGV gilt gemeinhin als Indikator für eine Unterbewertung, ein hohes wiederum signalisiert eine Überbewertung. Um nun zu beurteilen, ob eine Aktie gemessen am KGV tatsächlich teuer oder billig ist, können beispielsweise historische Vergleiche mit KGVs der Vergangenheit angestellt und geschätzte Werte für die Zukunft herangezogen werden. Sinnvoll erscheint es zudem, das KGV der betreffenden Gesellschaft mit dem anderer Unternehmen derselben Branche zu vergleichen. Problematisch dürfte es jedenfalls sein, wenn Unternehmen verschiedener Branchen gegenübergestellt werden, da je nach Branche ganz unterschiedliche KGV-Niveaus vorherrschen können. Wachstumsunternehmen mit einer hohem Umsatz- und Gewinndynamik, werden von der Börse regelmäßig höhere KGVs zugebilligt, als konservativere Werte z.B. aus der Konsumbranche. Ganz entscheidende Bedeutung kommt der künftigen Gewinnentwicklung zu, denn bei stark steigenden Gewinnen in der Zukunft kann ein heute hohes KGV schon im nächsten Jahr ein geringes sein.

4.6.2. Kurs-Gewinnwachstums-Verhältnis (PEG)

Um diesen Wachstumseffekt berücksichtigen zu können, wurde das Kurs-Gewinnwachstums-Verhältnis (Englisch: Price Earnings to Growth Ratio oder kurz: PEG) entwickelt. Zur Berechnung des PEG wird das Kurs-Gewinn-Verhältnis in Relation zum durchschnittlich erwarteten Gewinnwachstum der nächsten drei bis fünf Jahre gesetzt.

Kurs-Gewinnwachstums-Verhältnis (PEG) =
KGV / erwartetes Gewinnwachstum

Grundsätzlich gilt ein PEG von 1 als faire Bewertung, PEGs von unter 1 deuten auf eine Unterbewertung hin und ein PEG von über 1 als Überbewertung. Wird etwa mit einem Gewinnwachstum von 30% pro Jahr gerechnet, dann hat eine Aktie mit einem KGV von 15 ein PEG von 0,5. Bis zum Erreichen des fairen Wertes hat diese Aktie gemessen an dieser Kennzahl also ein Verdoppelungspotenzial.

4.6.3. Kurs-Umsatz-Verhältnis (KUV)

Nun gibt es auch Unternehmen, vor allem relativ junge oder eben Turnarounds, die sich in einem längeren Umstrukturierungsprozess befinden, die keine oder nur sehr geringe Gewinne erzielen, aber durchaus das Potenzial haben, in absehbarer Zeit hohe Profite einzufahren. Hier geben KGV und PEG oftmals

Fehlsignale ab. Deshalb ergibt es Sinn, sich in solchen Situationen das Kurs-Umsatz-Verhältnis (KUV) genauer anzuschauen. Dieses setzt die aktuelle Marktkapitalisierung eines Unternehmens ins Verhältnis mit dessen Periodenumsatz, bzw. den Aktienkurs mit dem Umsatz je Aktie.

Kurs-Umsatz-Verhältnis = Aktienkurs / Umsatz je Aktie

Das KUV kann bei Aktiengesellschaften, bei denen die Umsatzrendite aufgrund von Konjunktureinflüssen stark schwankt (wie bei BASF), bestenfalls ein sinnvolles zusätzliches Bewertungskriterium sein. In Turnaround-Situationen und bei jungen Unternehmen hingegen, die sich noch in der Phase der Anlaufverluste befinden, ist es sogar notwendig, das KUV anzuwenden. In den meisten Fällen dürfte jedoch das KGV die aussagekräftigere Kennzahl sein, da beim KUV die Profitabilität des Unternehmens nicht einbezogen wird. Denn auf Dauer hilft Umsatz um des Umsatzes willens nicht viel, wenn dabei keine Gewinne erwirtschaftet werden.

4.6.4. Kurs-Buchwert-Verhältnis (KBV)

Wie der Buchwert eines Unternehmens berechnet wird und was er aussagt, das haben sie bereits im Kapitel über Bilanzkennzahlen erfahren. Der Buchwert gibt bekanntlich an, wie hoch das Reinvermögen eines Unternehmens nach Abzug aller Fremdkapitalbestandteile ist. Nun schauen wir uns noch an, wie dieser Wert bei der Aktienanalyse eingesetzt werden kann. Zunächst wird das Eigenkapital des Unternehmens durch die Anzahl der umlaufenden Aktien geteilt wird und so der Buchwert je Aktie ermittelt. Wird dieser Wert ins Verhältnis zum aktuellen Kurs einer Aktie gesetzt, erhalten wir eine substanzwertorientierte Bewertungskennzahl:

Kurs-Buchwert-Verhältnis =
Aktienkurs / Buchwert je Aktie

Eine alte Börsenregel sagt, dass eine Aktie umso preiswerter ist, je niedriger das KBV ausfällt und der faire Wert sollte sich in etwa um den aktuellen Buchwert bewegen (also bei einem KBV von 1). Die Verwendung des KGV ist vor allem im Branchenvergleich sinnvoll. Notiert eine Aktie beispielsweise unter dem durchschnittlichen Branchenwert, so kann erfahrungsgemäß mit einem Ansteigen des Kurses gerechnet werden, da die Aktie im Verhältnis zu dem im Unternehmen eingesetzten Eigenkapital relativ billig ist. Umgekehrt verhält es sich bei einem überdurchschnittlich hohen KBV. Allerdings werden bei moderneren Aktienbewertungsansätzen eher Kennzahlen wie das Kurs-Cashflow- oder das Kurs-Gewinn-Verhältnis als Maßstäbe herangezogen. Doch hierzu später mehr.

4.6.5. Ausschüttungsquote und Dividendenrendite

Aus Anlegersicht interessiert nicht nur die reine Ertragskraft einer Aktiengesellschaft, sondern auch, welcher Anteil der erwirtschafteten Gewinne direkt beim Aktionär ankommt. Hierzu werden zum einen die Ausschüttungsquote des Unternehmens und zum anderen die Dividendenrendite einer Aktie berechnet.

Die Ausschüttungsquote errechnet sich wie folgt:

Ausschüttungsquote =
Dividende je Aktie / Ergebnis je Aktie * 100%

Diese Kennzahl gibt an, welcher Anteil am Unternehmensgewinn an die Aktionäre in Form einer Dividende ausgeschüttet wird. Je höher die Ausschüttungsquote ist, desto weniger steht dem Unternehmen für Investitionen oder Rücklagen zur Verfügung. Übersteigt die Ausschüttungsquote den Periodengewinn, so müssen für Dividendenzahlungen sogar Rücklagen aufgelöst werden, die Dividenden zehren also an der Substanz des Unternehmens. Als Faustregel gilt, dass eine Ausschüttungsquote von 70% nicht überschritten werden sollte.

Für den Aktionär bedeuten jährliche Gewinnausschüttungen neben Kurssteigerungen ein attraktives Zusatzeinkommen, wodurch auch zwischenzeitliche Kursrückschläge abgefedert werden können. Die Kennzahl Dividendenrendite errechnet sich wie folgt:

Dividendenrendite =
Dividende je Aktie / Aktienkurs * 100%

BASF beispielsweise hat 2016 eine Dividende von 2,98 Euro je Aktie ausgeschüttet. Bei einem 2015er-Gewinn von 4,34 Euro je Aktie betrug die Ausschüttungsquote 69%:

Ausschüttungsquote BASF 2015 =
2,98 / 4,34 * 100% = 69%

Anleger, die beispielsweise Anfang 2016 BASF-Aktien zum Kurs von 70,69 Euro gekauft hatten, konnten sich über eine Dividendenrendite von 4,2% freuen:

Dividendenrendite BASF =
2,98 / 70,69 * 100% = 4,2%

Damit konnten BASF-Aktionäre also allein über Gewinnausschüttungen eine um ein Vielfaches höhere Rendite erzielen, als mit langlaufenden Staatsanleihen.

Die Kennzahl Dividendenrendite sollte keineswegs außer acht gelassen werden. Neben dem Effekt, dass Aktionäre damit ein laufendes Zusatzeinkommen erzielen, gelten hohe Dividendenrenditen als Indiz für eine Unterbewertung – sofern die Ausschüttungsquote unter 70% liegt. Denn aufgrund der Tatsache, dass hier tatsächlich Gelder fließen, ist diese Kennzahl nicht manipulierbar. Und schon Benjamin Graham, der Begründer der Fundamentalanalyse, riet dazu, gezielt auf Aktien zu setzen, die durch hohe Dividendenrenditen glänzen. Aus seinen Überlegungen entstand beispielsweise die sogenannte Dogs of the Dow-Strategie, mit der über Jahrzehnte der Dow Jones outperformt werden konnte.

4.7. Die Ermittlung des fairen Wertes einer Aktie

Im vorigen Kapitel haben Sie die wichtigsten Kennziffern kennen gelernt, mit denen Aktien anhand der aktuellen Bewertungssituation eingeschätzt werden können. Ob eine Aktie im Branchenvergleich oder gemessen am Durchschnitt des gesamten Aktienmarktes billig oder zu teuer ist? – Die Kennzahlen zeigen es Ihnen. Aber fast noch wichtiger ist es zu wissen, wie viel die Aktie denn nun tatsächlich wert ist. Denn nur so ist es möglich, echte Schnäppchen am Markt zu identifizieren. Hierzu gibt es mehrere Verfahren, von denen Sie nun die wichtigsten im Kurzüberblick (Seite 96) kennen lernen.

Die gewinnbasierten Verfahren, die auf dem um Sondereinflüsse aus dem Jahresabschluss bereinigten Ergebnis beruhen, werden wohl auch heute noch am häufigsten für die Ermittlung des Unternehmenswertes und somit auch für die Berechnung des fairen Wertes einer Aktie herangezogen. Das

Kurs-Gewinn-Verhältnis (KGV), das Sie bereits kennengelernt haben, spielt dabei eine wichtige Rolle.

Kurzüberblick der Methoden der Unternehmensbewertung

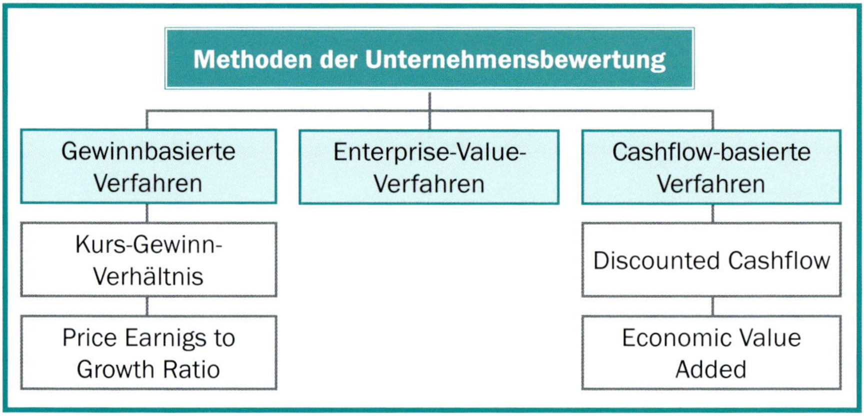

Der faire Aktienkurs ergibt sich bei dieser Methode durch Multiplikation des erwarteten künftigen Jahresgewinns mit einem als „normal“ für die Aktie angesetzten KGV, wie zum Beispiel einem durchschnittlichen Branchen-KGV. Allerdings ist die Ermittlung exakter künftiger Gewinne problematisch, und auch der Ansatz eines fairen KGVs wird in der Realität nicht gelingen. Zudem geht das Modell davon aus, dass der Gewinn statisch bleibt und sich auch in Zukunft nicht verändert.

Dieses Problem wird durch das ebenfalls bereits besprochene PEG-Modell angegangen, bei dem der statische KGV-Ansatz um zukünftige Gewinnwachstumsraten erweitert wird. Die große Schwachstelle ist dabei die Unmöglichkeit der realistischen Prognose dieser Werte, womit sich die Aussagekraft stark einschränkt. Einen anderen Weg unabhängig von Gewinn- oder Wachstumskennzahlen geht der Enterprise-Value-Ansatz. Damit wird der im Rahmen einer Unternehmensanalyse ermittelte

Wert eines Unternehmens bezeichnet, der sich auf zweifache Weise festlegen lässt:

Unternehmenswert

= Anlagevermögen + Nettoumlaufvermögen

= Eigenkapital – Nettofinanzverbindlichkeiten

Hierbei kommen jeweils geschätzte bzw. errechnete Marktwerte zur Anwendung und keine Buchwerte. Ist ein Unternehmen börsennotiert, so ist der Unternehmenswert relativ einfach abzuleiten: Er errechnet sich aus der Marktkapitalisierung (= Börsenwert der ausstehenden Aktien) abzüglich der Nettofinanzverbindlichkeiten (Schulden minus vorhandene liquide Mittel). Mithilfe des so daraus resultierenden Enterprise-Values können nun wiederum Kennzahlen für den Vergleich mit anderen Unternehmen gebildet werden. Im Gegensatz zur KGV-Methode kann dieses Verfahren auch bei Unternehmen eingesetzt werden, die keine Gewinne einfahren.

Von den beiden Cashflow-basierten Ansätzen wollen wir zuerst kurz das Economic-Value-Added-Modell (zu Deutsch: „Zusätzlicher Mehrwert“) beleuchten. Durch die Anwendung des EVA können die unternehmerischen Leistungen sehr zuverlässig – und einfach – berechnet werden. Der EVA ist dabei der zusätzlich zum geplanten Gewinn geschaffene Wert, der einem Eigenkapitalgeber, also einem Aktionär, nach Abzug aller Kosten verbleibt. Die EVA-Kennziffer verschafft schnell einen Überblick, ob ein Unternehmensziel erreicht, übererfüllt oder verfehlt wurde. Allerdings ist diese aus der Rechnungslegung ermittelte Größe leicht durch Abschreibungen manipulierbar. Zudem handelt es sich um eine rein vergangenheitsbezogene

Kennziffer, die zukünftige Entwicklungen nicht berücksichtigt und für Prognosen daher ungeeignet ist.

Als eines der wichtigsten Modelle zur Unternehmensbewertung gilt die Discounted-Cashflow-Methode. Hier wird versucht, den Unternehmenswert durch Abzinsung der erwarteten zukünftigen Einzahlungsüberschüsse (Netto-Cashflows) auf den aktuellen Bewertungstag zu berechnen. Hierbei können, im Gegensatz zum Kurs-Gewinn-Verhältnis beispielsweise bestimmte Wachstumsraten unterstellt werden.

Dazu ein Beispiel:

Beispiel AG mit 1 Million umlaufender Aktien			
Jahr	Netto Cashflow (jährliches Wachstum 5%)	Abzinsungsfaktor (Diskontsatz 4%)	Diskontierter Netto-Cashflow
1	1.000.000,00	1,040	961.538,46
2	1.050.000,00	1,082	970.784,02
3	1.102.500,00	1,125	980.118,49
4	1.157.625,00	1,170	989.542,70
5	1.215.506,25	1,217	999.057,54
6	1.276.281,56	1,265	1.008.663,86
7	1.340.095,64	1,316	1.018.362,55
8	1.407.100,42	1,369	1.028.154,50
9	1.477.455,44	1,423	1.038.040,60
10	1.551.328,22	1,480	1.048.021,76
Summe des diskontierten Netto-Cashflow für 10 Jahre			10.042.284,46
zzgl. Restwert (Barwert einer ewigen Rente in Höhe des diskontierten Netto-Cashflow nach 10 Jahren)			38.783.205,40
Berechneter Unternehmenswert			48.825.489,86
Wert je Aktie (Unternehmenswert / Anzahl der Aktien)			48,83

Es werden bei der Discounted-Cashflow-Methode die Netto-Cashflows für eine bestimmte Anzahl von Jahren (in unserem Beispiel sind es zehn Jahre) geschätzt. Oft geschieht dies, indem der aktuelle Cashflow (hier: eine Million) mit einer Wachstumsprognose versehen und hochgerechnet wird. In unserem Beispiel nehmen wir ein jährliches Wachstum von 5% an. Da der Wert jedes einzelnen (in der Zukunft liegenden) Cashflows in die aktuelle Bewertung des Unternehmens mit einfließt, muss der aktuelle Tageswert dieser Zahlungsströme ermittelt werden. Dies geschieht, indem jeder dieser Cashflows mit einem Abzinsungsfaktor (in unserem Beispiel 4%) diskontiert wird.

Die Frage hierbei lautet: Welchen Betrag müsste ich heute zu 4% anlegen, damit dieser in einem Jahr den Wert von eine Million Euro (das ist in unserem Beispiel der angenommene Cashflow in einem Jahr) erreicht? Die Antwort heißt: 961.538,46, was in der Tabelle dem Wert des diskontierten Netto-Cashflows für das Jahr eins entspricht. Diese Diskontierung wird für alle weiteren Cashflows wiederholt und die so ermittelten Barwerte summiert. Ab dem elften Jahr gehen wir in unserem Beispiel aus Vereinfachungsgründen davon aus, dass der erreichte Cashflow nun nicht mehr steigt und ewig so fortbesteht. Daraus wird der Barwert einer sogenannten ewigen Rente mit gleich bleibenden Zahlungen ermittelt. Beide Werte zusammen (die Summe der diskontierten Netto-Cashflows für die ersten zehn Jahre und der Barwert der ewigen Rente ab dem elften Jahr) ergeben den aktuellen Unternehmenswert. Dieser wird jetzt noch durch die Anzahl der umlaufenden Aktien geteilt, woraus der mit dieser Methode berechnete faire Wert je Aktie resultiert. Die Differenz zum aktuellen Aktienkurs zeigt an, ob sich ein Kauf lohnt.

So weit so gut. Doch stellen Sie sich vor, welche Probleme es oft bereitet, wenn man zwar über ein feines und gut funktionierendes Modell verfügt um Aktien zu bewerten, jedoch die geeigneten Eingabedaten fehlen! Es liegt auf der Hand, dass nur bei der Eingabe sinnvoller und stimmiger Daten auch ein sinnvolles und stimmiges Ergebnis zustande kommt. Dabei können aber schon geringe Abweichungen in den Annahmen dazu führen, dass ein völlig anderes Ergebnis herauskommt.

Wir sind in unserem Beispiel von einem 5%igen Cashflow-Wachstum ausgegangen. Wenn nun stattdessen mit 7%

Beispiel AG mit 1 Million umlaufender Aktien			
Jahr	Netto Cashflow (jährliches Wachstum 7%)	Abzinsungsfaktor (Diskontsatz 3,5%)	Diskontierter Netto-Cashflow
1	1.000.000,00	1,040	966.183,57
2	1.070.000,00	1,071	998.856,45
3	1.144.900,00	1,109	1.032.634,20
4	1.225.043,00	1,148	1.067.554,20
5	1.310.796,01	1,188	1.103.655,07
6	1.402.551,73	1,229	1.140.976,74
7	1.500.730,35	1,272	1.179.560,49
8	1.605.781,48	1,317	1.219.449,01
9	1.718.186,18	1,363	1.260.686,42
10	1.838.459,21	1,411	1.303.318,32
Summe des diskontierten Netto-Cashflow für 10 Jahre			11.272.874,47
zzgl. Restwert (Barwert einer ewigen Rente in Höhe des diskontierten Netto-Cashflow nach 10 Jahren)			52.527.406,07
Berechneter Unternehmenswert			63.800.280,54
Wert je Aktie (Unternehmenswert / Anzahl der Aktien)			63,80

gerechnet wird und die Ergebnisse mit einem Diskontsatz von 3,5% statt 4% abgezinst werden – was bedeutet das für den Wert je Aktie?

Während sich unter den in unserem Beispiel zuerst getroffenen Annahmen ein fairer Wert je Aktie von 48,83 Euro errechnet, kommt unter den leicht geänderten Prämissen ein um 30% höherer innerer Wert von 63,80 Euro heraus. Notiert die Aktie beispielsweise aktuell bei 55 Euro, so wird bei der DCF-Methode im ersten Fall also eine Verkaufsempfehlung herauskommen, da der Börsenkurs um ca. 13% über dem fairen Wert von 48,83 Euro liegt. Im zweiten Fall wäre die Aktie ein klarer Kauf, da sich ein Abschlag von 13,5% zum fairen Wert von 63,80 Euro errechnen.

Angesichts der Unmöglichkeit, zukünftige Entwicklungen anhand noch so ausgeklügelter fundamentaler Modelle vorauszusagen und exakt zu quantifizieren, gilt es, die quantitative Aktienanalyse um qualitative Faktoren sowie übergeordnete Szenarien (wie Wettbewerbsentwicklungen, Konjunkturzyklen) zu ergänzen.

4.8. Qualitative Faktoren

Nachdem wir im Rahmen der quantitativen Aktienanalyse die Hard-Facts genutzt haben, um den fairen Wert einer Aktie abzuschätzen, geht es nun um die Berücksichtigung der weichen Faktoren, die sich nicht in Kennzahlen darstellen lassen, aber dennoch großen Einfluss auf den Erfolg eines Unternehmens haben. Dazu gehören zum Beispiel:

- ***Die Qualität des Managements:*** Hier wird eingeschätzt, ob die Unternehmensführung in der Lage ist, das Unternehmen durch eine Krise und in eine erfolgreiche Zukunft zu führen. Welche Reputation genießt das Top-Management bei Mitarbeitern, Kunden, Lieferanten, Wettbewerbern? Welche Erfahrung haben die Manager, werden ziel- und ergebnisorientierte Strategien verfolgt. Sind Visionen vorhanden, die Perspektiven für eine erfolgreiche Unternehmensentwicklung eröffnen? Sehr oft wird ein erfolgreicher Turnaround durch einen grundlegenden Wechsel in der Vorstandsetage und einer damit verbundenen Strategieänderung eingeleitet.

- ***Die Politik gegenüber Aktionären:*** Ist die Unternehmensführung an einer positiven Entwicklung des Aktionärsvermögens interessiert? Werden Aktionäre bspw. regelmäßig an den Gewinnen beteiligt (Dividendenpolitik)? Bei Turnaround-Werten kann unter Umständen die Reduktion oder gar Aussetzung von Dividendenzahlungen nötig sein, um Restrukturierungsinvestitionen zu finanzieren.

- ***Unternehmenskommunikation:*** Wie transparent und umfassend sind die Geschäftsberichte, die Rechnungslegungen? Werden Aktionäre über die gesetzlich festgelegten Veröffentlichungspflichten hinaus informiert? Geht das Unternehmen offen und ehrlich mit schlechten Nachrichten um?

- ***Innovationsfähigkeit und Image:*** Spielt das Unternehmen bei der Einführung neuer Produkte eine Vorreiterrolle oder wird nur Marktentwicklungen nachgelaufen? Über welches Image verfügt das Unternehmen bzw. dessen Produkte? Bei Turnaround-Werten sind oft nicht nur die Aktien bei Anlegern total out, sondern auch die Produkte. Die Innovationskraft und ein positiver Imagewandel gehören daher zu den Schlüsselfaktoren für ein erfolgreiches Comeback.

4.9. Branchen- und Konjunkturanalyse

Nachdem die quantitative und qualitative Fundamentalanalyse abgeschlossen ist, muss im Sinne des Bottom-up-Ansatzes auch das Umfeld, in dem das Unternehmen agiert, untersucht werden. Bei der Branchenanalyse gilt es abzuschätzen, welche Wettbewerbsintensität in der jeweiligen Branche herrscht. Handelt es sich um einen Alleinanbieter (Monopolisten) oder um einen heftig umkämpften Markt? Welche Markteintrittsbarrieren bestehen für neue Wettbewerber bzw. wie schwierig ist es für das Unternehmen, neue Märkte zu erschließen oder mit neuen Produkten erfolgreich zu sein? Aufschlüsse über Entwicklungspotenziale gibt das Branchen- oder Marktwachstum, das für die kommenden Jahre erwartet wird. Auch geographische Aspekte müssen berücksichtigt werden. Agiert das Unternehmen auf gesättigten Märkten oder in Wachstumsbereichen? Kurzfristig geben Auftragseingänge und Lagerbestände Aufschluss über die Nachfrageentwicklung einer Branche.

Mittels Konjunkturanalyse lassen sich die gesamtwirtschaftlichen Rahmenbedingungen beurteilen. Eine Einschätzung der Stimmungslage erlauben z.B. Geschäftsklima-Indizes, wie der ifo-Geschäftsklima-Index, der als Frühindikator für die konjunkturelle Entwicklung in Deutschland gilt. Wichtige Hinweise geben aber auch die Einkaufsmanagerindizes, die Entwicklung der Lagerbestände bei Öl und Gas, Ergebnisse der laufenden Befragungen zum Konsumentenvertrauen, Entwicklungen an den Arbeitsmärkten, Wechselkursbewegungen etc.

5. Kauftiming und Risikomanagement

Die Fundamentalanalyse bietet in ihrem umfangreichen „Werkzeugkasten“ einen großen Fundus an Kennzahlen und Indikatoren, die bei der Auswahl der besten Turnaround-Kandidaten helfen. Jedenfalls kann damit die Spreu vom Weizen getrennt und das Augenmerk auf die nur temporär am Boden liegenden Unternehmen gerichtet werden. Firmen, die dauerhaft Geld verbrennen und daher mit hoher Wahrscheinlichkeit vor der Insolvenz stehen, können durch eine sorgfältige Fundamentalanalyse identifiziert und strikt aussortiert werden. Ob ein Unternehmen aber im Grunde gesund ist und nur vorübergehend eine Krise durchlebt – auch das bringt die Fundamentalanalyse an den Tag. Doch wann ist der richtige Zeitpunkt zum Einstieg in solche Anwärter für einen Turnaround?

Diese Frage kann selbst bei noch so gründlicher quantitativer und qualitativer Fundamentalanalyse nicht beantwortet werden. Hierzu gibt es besser geeignete Instrumente im Rahmen der technischen Aktienanalyse bzw. Chartanalyse. Denn letztlich sind in den Aktienkursen sämtliche Informationen enthalten, und der Markt diskontiert alles. Da an der Börse die Zukunft gehandelt wird, können Turnaround-Situationen an den Kursverläufen frühzeitig erkannt werden. Es gilt daher herauszufinden, wann der Markt wieder auf eine abgestürzte, unpopuläre Aktie schaut, die Kurse den Boden ausgebildet haben und wieder den Weg nach oben einschlagen. Zu diesem Zweck lassen sich die Kursverläufe analysieren, charttechnische Umkehrformationen identifizieren und die Einstiegszeitpunkte mithilfe langfristiger Trendlinien optimieren. Zunächst möchte ich Ihnen aber noch eine kleine Einführung in die Technische Aktienanalyse geben.

5.1. Grundannahmen und Grundregeln der Technischen Analyse

Der „Erfinder" der Technischen Analyse war Charles Henry Dow (1851–1902), der die Kursentwicklungen des von ihm kreierten weltweit ersten und wohl berühmtesten Aktienindex, Dow Jones Industrial Average, beobachtete. Die dabei gemachten Beobachtungen und Erkenntnisse wurden zunächst im Wall Street Journal veröffentlicht und später von Samuel Nelson unter dem Begriff „Dow Theory" zusammengefasst. Auf dieser Theorie basiert die heutige Technische Aktienanalyse, die auf folgenden drei Grundannahmen beruht:

1. In den Kursen sind sämtliche Informationen enthalten

Die Technische Analyse geht davon aus, dass in den Notierungen an der Börse sämtliche kursrelevanten Informationen enthalten sind. Das heißt also, dass alle Faktoren – betriebswirtschaftlicher, volkwirtschaftlicher, politischer, psychologischer oder sonstiger Natur, – bereits durch die aktuellen Kurse widergespiegelt werden. Mit anderen Worten heißt das, der Markt diskontiert alles. Dabei sind in den Kursen nicht nur die Vergangenheit und die Gegenwart enthalten, sondern auch Erwartungen an die Zukunft. Letzteres führt dazu, dass fundamentale Entwicklungen in der Regel mit einem Vorlauf von sechs bis neun Monaten an den Kursverläufen abgelesen werden können.

2. Die Kurse bewegen sich in Trends

Zentrales Element der Dow-Theorie ist das Trendverhalten von Kursbewegungen. Dabei wird nach der Dauer in Primär-, Sekundär- und Tertiärtrends unterschieden. Ausgangspunkt ist der langfristige Primärtrend, also der Haupttrend. Innerhalb dieses großen Trends etablieren sich mittelfristige Trends (Sekundärtrends), die wiederum durch kurzfristige (Tertiärtrends) überlagert werden. Anschaulich kann dies mit den Meeresbewegungen beschrieben werden. Während Ebbe oder Flut die großen Trends darstellen, symbolisiert der Wellengang die Sekundärtrends und die Kräuselungen auf der Wasseroberfläche stehen für die kurzfristigen Trends. Um die jeweils vorherrschende

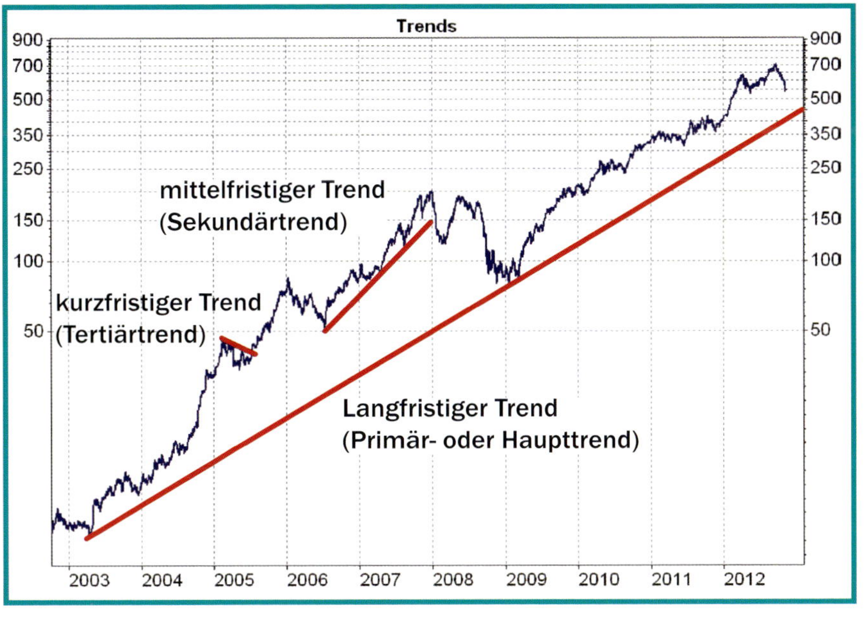

Trendrichtung zu identifizieren, werden nach der Dow-Theorie die Hoch- und Tiefpunkte der Kursentwicklung herangezogen. Ein Aufwärtstrend liegt demnach vor, wenn der Kursverlauf eine Reihe von steigenden Hochs und Tiefs ausbildet. Umgekehrt verhält es sich im Abwärtstrend, wobei dieser durch eine Folge von sinkenden Hoch- und Tiefpunkten gekennzeichnet ist. Eine Trendwende wird demnach eingeleitet, wenn in einem Aufwärtstrend das vorherige Hoch nicht mehr überschritten bzw. in einem Abwärtstrend das vorherige Tief nicht mehr unterschritten wird. Ein Aufwärtstrend (Abwärtstrend) ist beendet, wenn sowohl der Hochpunkt als auch der Tiefpunkt unterhalb (oberhalb) des vorherigen liegen.

Primäre oder langfristige Trends dauern oft mehrere Jahre. Die mittel- und kurzfristigen Trends stellen dabei Korrekturen im jeweils übergeordneten Haupttrend dar.

3. Die Geschichte wiederholt sich

Da Kurse nicht rein zufällig zustande kommen, bilden sich in den Kursverläufen bestimmte Muster heraus, auf die mit hoher Wahrscheinlichkeit bestimmte Kursentwicklungen folgen. Aus dieser Erkenntnis resultiert, dass sich aus diesen immer wieder kehrenden Kursmustern Prognosen ableiten lassen. In diesem Zusammenhang darf ich nochmals auf ein Zitat von Sir John Templeton verweisen: „Die fünf gefährlichsten Worte beim Investieren sind: ‚Dieses Mal ist alles anders.'"

5.2. Darstellung von Kursverläufen in Charts

Charts sind Kursbilder der Vergangenheit, um die Kursentwicklung eines Wertpapiers über einen bestimmten Zeitraum optisch sichtbar zu machen. Dabei wird auf der horizontalen oder X-Achse die Zeit abgebildet und auf der vertikalen bzw. Y-Achse die jeweiligen Kurse aufgetragen.

Die Darstellung kann in unterschiedlichen Formen erfolgen. Die gebräuchlichsten sind:

- Linienchart
- Balkenchart
- Kerzenchart und
- Point & Figure-Chart.

Während bei Balken- und Kerzencharts die Eröffnungs- und Schlusskurse sowie Hochs- und Tiefs eines Handelstages mit abgebildet werden, beschäftigen sich Point & Figure-Charts ausschließlich mit der Darstellung von Preisveränderungen mittels x- und o-Kästchen. Beim Linienchart dagegen werden einfach die Schlusskurse der aufeinander folgenden Börsentage aufgetragen und durch eine Linie miteinander verbunden. Im Folgenden werde ich mich auf die Chartanalyse mittels Linienchart beschränken. Hierbei wird zugunsten einer übersichtlichen und einfachen Darstellung auf die Betrachtung von Kursbewegungen innerhalb eines Handelstages verzichtet. Angesichts des längerfristigen Zeithorizonts bei Investments in Turnaround-Aktien tritt dieser (geringfügige) Informationsverlust in den Hintergrund. Denn es geht um das große Bild der mittel- und langfristigen Trends, die anhand eines Liniencharts sehr gut identifiziert werden können.

5.3. Trend(umkehr)analyse

Grundsätzlich haben Trends die Tendenz, eine vorhandene Richtung eher beizubehalten als sich umzukehren. Bei Turnaround-Aktien gilt es herauszufinden, wann ein Abwärtstrend beendet und der Weg nach oben eingeschlagen wird. Dabei hilft die Trendanalyse mit den Konzepten von Unterstützung und Widerstand, Trendgeraden/Trendkanälen, Trendlinien und der Identifizierung von Trendumkehr-Formationen.

5.3.1. Unterstützung und Widerstand

Wie Sie schon bei den Grundannahmen der Technischen Analyse gesehen haben, bewegen sich Kurse in Trends, die gemäß Dow-Theorie durch eine Abfolge von Hoch- und Tiefpunkten definiert werden. Da ein Aufwärtstrend durch ansteigende Tiefs (im Chartbild auch als „Täler“ erkennbar) definiert wird, bilden diese sogenannte Unterstützungen. Das heißt, auf diesem Kursniveau übersteigt das Kaufinteresse mit hoher Wahrscheinlichkeit den Verkaufsdruck, sodass hier ein eventueller Kursrückschlag aufgehalten werden kann. Eine durch Tiefs gebildete Unterstützung ist umso stärker, je mehr frühere Tiefpunkte sich auf diesem Niveau befinden. Umgekehrt bildet ein vorangegangenes Hoch (Top oder Gipfel) im Kursverlauf zunächst einen Widerstand. Analog zur Unterstützung ist hier der Verkaufsdruck größer als das Kaufinteresse. Das bedeutet:

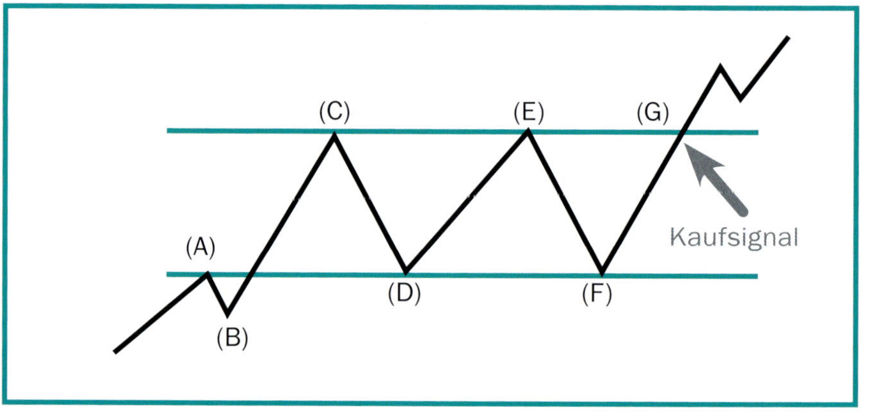

Wird ein Widerstand überboten, dann ist die Wahrscheinlichkeit weiter steigender Kurse hoch – es liegt also ein Kaufsignal vor. In diesem Fall verwandelt sich der ehemalige Widerstand in eine Unterstützung. Anders, wenn eine Unterstützung nach unten durchbrochen wird. Dann sind weiter fallende Kurse zu erwarten, es liegt daher ein Verkaufssignal vor und die vormalige Unterstützung wird zum Widerstand.

5.3.2. Trendgeraden und Trendkanäle

Trends können aufwärts, abwärts oder seitwärts tendieren. Daher ist es zunächst notwendig, die grundsätzliche Trendrichtung zu ermitteln. Sie wissen bereits:

Ein Aufwärtstrend ist durch ansteigende Tiefpunkte definiert, ein Abwärtstrend durch fallende Hochpunkte. Damit lässt sich ein Aufwärtstrend charttechnisch durch die Verbindung der Tiefpunkte mit einer Geraden ermitteln. Da die Kurse im Bereich dieser Geraden immer wieder die Tendenz haben,

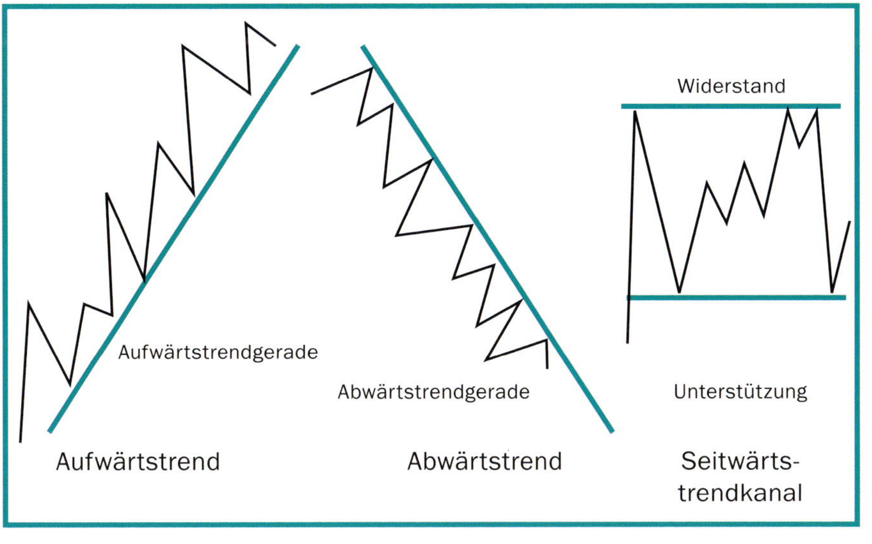

nach oben zu drehen, entspricht die Aufwärtstrendgerade einer Unterstützung.

Bei einem Abwärtstrend verhält es sich genau entgegengesetzt. Hier wird die Abwärtstrendgerade durch die fallenden Hochpunkte gebildet. Diese entspricht einem Widerstand, wobei ein Ausbruch darüber als ein Kaufsignal gewertet werden kann.

Wenn die Hoch- und Tiefpunkte eines Kursverlaufs durch zwei parallele Geraden verbunden werden können, dann sprechen wir von einem Trendkanal. Speziell in der Bodenbildungsphase von Turnaround-Aktien bilden sich oft sogenannte Seitwärtstrendkanäle heraus. Dabei können die Hoch- und Tiefpunkte des Kursverlaufs idealtypisch durch zwei parallele waagrechte Linien verbunden werden. Ein Ausbruch nach oben stellt dabei ein Kaufsignal dar.

5.3.3. Trendumkehr-Formationen

Wie Sie bereits wissen, bewegen sich die Kurse in Trends und die Geschichte wiederholt sich. Das heißt, es lassen sich immer wiederkehrende Muster in den Chartbildern erkennen, sogenannte Chartformationen, die mit hoher Wahrscheinlichkeit auf eine ganz bestimmte Kursentwicklung schließen lassen. Dabei lassen sich zwei grundlegende Kategorien unterscheiden:

- Formationen, die eine Trendumkehr ankündigen, und
- Konsolidierungsformationen, die eine Fortsetzung des bestehenden Trends in die ursprüngliche Richtung signalisieren.

Beim Kauftiming von Turnaround-Aktien geht es darum, einen Wechsel vom Abwärts- in den Aufwärtstrend frühzeitig zu erkennen. Daher möchte ich Ihnen nun die wichtigsten Bodenbildungsformationen vorstellen.

Inverse Schulter-Kopf-Schulter-Formation

Die Vollendung einer inversen oder umgekehrten Schulter-Kopf-Schulter-Formation gibt ein massives Signal für den Abschluss einer Bodenbildungsphase. Dieses Formation gehört zu den bekanntesten und verlässlichsten Kursmustern, die am Ende eines Abwärtstrends auftreten.

In einem Abwärtstrend bildet sich ein erstes Tief heraus – die linke Schulter. Nach einer daran anschließenden Zwischenerholung folgt ein neuer, heftigerer Abwärtsschub, der zu einem noch tieferen Low – den Kopf – führt. Von hier aus erholen sich die Kurse idealtypisch etwa bis zum Niveau des ersten Zwischenhochs, womit sich im Chartbild als horizontaler Widerstand die sogenannte Nackenlinie einzeichnen lässt. Deutlich erkennbar wird die Formation, wenn die Notierungen wieder bis in den Bereich der linken Schulter zurücksetzen, womit die rechte Schulter ausgebildet wird. Gelingt dann beim nächsten Kursanstieg der Ausbruch über die Nackenlinie, dann liegt ein massives Kaufsignal vor.

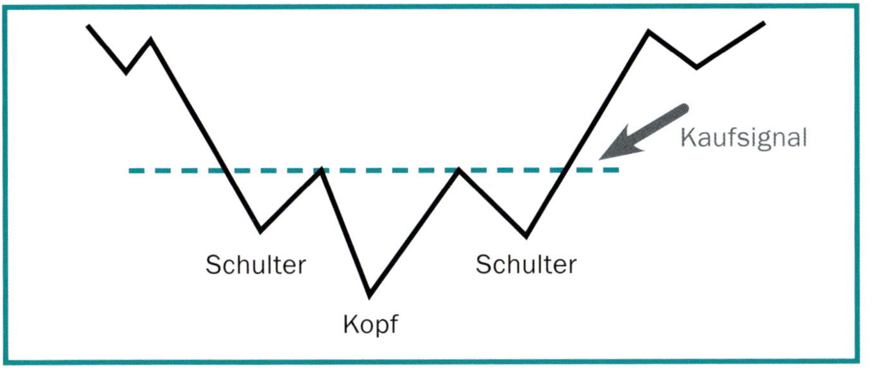

V-Formation

Bei der V-Formation kommt es im Gegensatz zu den bisher besprochenen Umkehrfunktionen zu keiner zwischenzeitlichen Konsolidierung. Hier kommt es auf einen Schlag ansatzlos zu einer massiven Kursbewegung. Vorangegangen ist ein ebenso mächtiger Kurseinbruch in Form eines Sell-off, also eines panikartigen Abverkaufs. Da in diesem Fall die Kurse ganz offensichtlich übertrieben heruntergeprügelt wurden, treten sofort wieder Schnäppchenkäufer auf den Plan. Diese Umkehrformation liefert ein Kaufsignal, wenn der durch vorherige Tiefs ausgebildete Widerstand überschritten wird.

Mehrfachtiefs

Sehr häufig erfolgt die Bodenbildung durch zwei oder mehrere Tiefs auf dem gleichen Kursniveau. Hier wird durch die Tops der jeweiligen Zwischenerholungen eine Basislinie gebildet. Gelingt der Ausbruch über diesen Widerstand, ist die Umkehrformation vollendet.

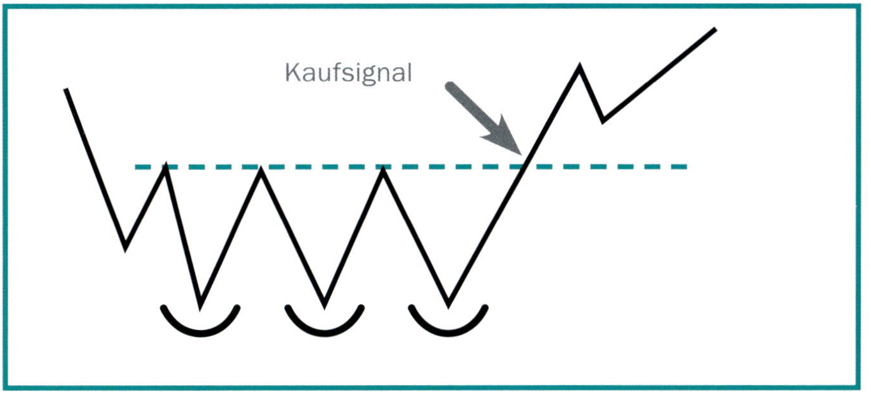

Untertassen oder Rounding Bottom

Die Untertassenformation ist verwandt mit der V-Formation. Allerdings fällt die Intensität der Kursbewegungen weit schwächer aus und der Trendwechsel verläuft wesentlich langsamer. Durch den runden Boden werden die fallenden Kurse sozusagen ausgetrocknet und es sind allmählich leicht steigende Kurse zu verzeichnen. Bis zur Vollendung dieser Formation vergehen meist mehrer Monate.

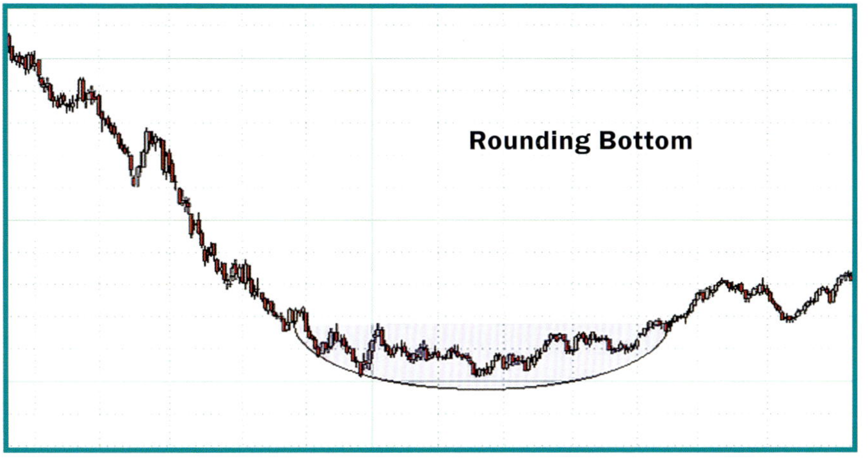

5.3.4. Die 200-Tage-Linie

Neben der Betrachtung von Chartformationen muss bei Turnaround-Aktien im Rahmen einer Trendfolge-Strategie noch sichergestellt sein, dass die langfristigen Trendpfeile wieder nach oben zeigen. Diese grundsätzliche Richtungsänderung lässt sich anhand der 200-Tage-Linie feststellen.

Bei der 200-Tage-Linie (GD200) handelt es sich um eine Trendlinie, die aus dem gleitenden Durchschnitt (GD) der vergangenen 200 Handelstage gebildet wird. Dabei werden die Schlusskurse der zurückliegenden 200 Börsentage (inklusive des aktuellsten Kurses) aufsummiert und durch die Anzahl der Handelstage (in diesem Fall 200) dividiert. An jedem neuen Börsentag wird der älteste Kurs weggelassen, der aktuellste

Tagesschlusskurs kommt hinzu. Die für jeden Tag neu berechneten Werte werden in den Chart aufgetragen und durch eine Linie verbunden. Damit erhalten wir eine geglättete Kursreihe, die langfristige Trends sichtbar macht. Das bedeutet:

In einem Aufwärtstrend verlaufen die Kurse oberhalb dieser 200-Tage-Linie, in einem Abwärtstrend darunter. Schneidet die Kurslinie den GD200 von unten nach oben, dann entspricht das einem Aufwärtstrendwechsel. Zusammen mit einer abgeschlossenen Bodenbildungsformation liegt das entscheidende Signal für den Turnaround-Einstieg vor. Ein konkretes Beispiel:

Zwischen 2011 und Anfang 2016 verlor der US-Goldproduzent Coeur Mining an der Börse um bis zu 94% an Wert. Für mich als Schnäppchenjäger begann jetzt die Beobachtungsphase, denn der Goldpreis stand unmittelbar vor dem Start einer neuen Hausse, womit die Basis für das Comeback von Goldminen-Aktien geschaffen wurde. Nach einem Sell-off im zu Beginn des Jahres 2016 war es dann so weit. Im Rahmen einer blitzartigen V-Umkehr gelang es Coeur-Mining im Februar die 200-Tage-Linie zu überkreuzen. Damit war für Turnaround-Trader das Signal für den Einstieg gefallen.

5.4. Risikominimierung und Gewinnrealisierung per Stop-Loss-Strategie

Das A und O beim Investieren an der Börse ist die strikte Verlustbegrenzung. Auch wenn eine noch so sorgfältige Fundamentalanalyse durchgeführt wurde und klare technische Kaufsignale vorliegen, bleibt ein gewisses Risiko. Da es sich bei Turnaround-Aktien um spekulative Investments handelt, sollten Sie so vorgehen:

Platzieren Sie nach dem Kauf einen Stop-Loss z.B. 10% unter dem Einstandspreis. Damit halten Sie den Maximalverlust im schlechtesten Fall in überschaubaren Grenzen. Und wie Sie im ersten Kapitel schon lesen konnten, eröffnen sich beim erfolgreichen Turnaround Gewinnpotenziale von 100% oder mehr. Das heißt:

Wenn wir das Maximalrisiko in Relation zum Gewinnpotenzial (100% oder mehr) setzen, dann erhalten wir das sogenannten Chance-Risiko-Verhältnis (Englisch: Reward-Risk-Ratio – RRR). Dieses beträgt im Turnaround-Trader unter Einhaltung einer strikten Stop-Loss-Strategie immer 10:1 oder besser. Das heißt, die Chancen übersteigen das Risiko um mindestens das

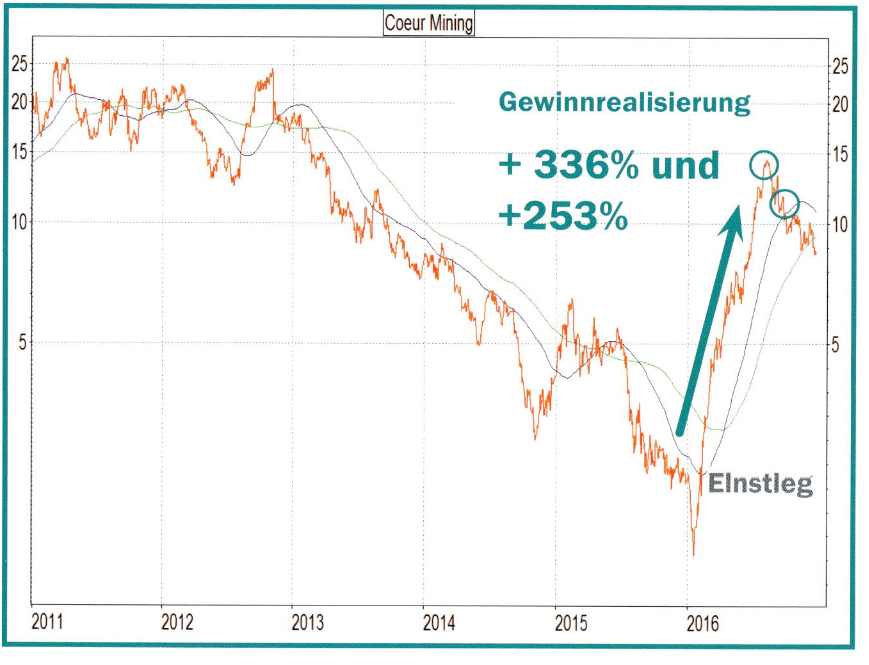

Zehnfache und Sie können die Gewinne beruhigt laufen lassen. Um aber bei einem Turnaround nicht „Wie gewonnen, so zerronnen“ sagen zu müssen, empfiehlt es sich, die Gewinne sukzessive abzusichern. Dabei gehen Sie am besten so vor:

Der Turnaround-Einstieg lässt sich mit der 200-Tage-Linie in Verbindung mit dem Abschluss charttechnischen Umkehrformationen hervorragend optimieren. Den Anfangs-Stop-Loss platzieren Sie ca. 10% unter dem Einstandskurs (bei volatileren Werten wie bspw. Goldminen-Aktien mit entsprechend höheren Gewinnpotenzialen lassen Sie bitte etwas mehr Luft). Wenn nun der Turnaround startet und die Notierungen gestiegen sind, heben Sie einfach den Stop-Loss sukzessive an. Bei weiter steigenden Kursen ziehen Sie den Stop-Loss, der nun zu einem Gewinnsicherungsstop geworden ist, laufend in Gewinnrichtung hoch. Die Gewinnrealisierung erfolgt automatisch, sobald der Aufwärtstrend zu Ende geht und der Gewinnsicherungsstop ausgelöst wird. Beim vorhin erwähnten Beispiel Coeur Mining wurden im Turnaround-Trader mit dieser Vorgangsweise 2016 nach einer Haltedauer von nur sechseinhalb Monaten +336% (Teilgewinnmitnahme) und +253% Kursgewinn realisiert.

6. Fazit

Viele Menschen lassen sich von Gewinnperspektiven in der Höhe von 100%, 300% oder gar 1000% abschrecken. „Unseriös!“, „Das gibt es nicht!“, „Unmöglich!“ lauten durchaus verständliche Reaktionen. Doch bei Turnaround-Aktien werden solche Gewinnpotenziale in der Tat immer wieder entfaltet. Diese Faszination haben Börsenlegenden wie Benjamin Graham, Warren Buffett, Sir John Templeton sowie André Kostolany schon vor Jahrzehnten erkannt und bewährte Strategien dafür entwickelt. Zudem gibt es in der Börsengeschichte zahlreiche prominente Beispiele von Unternehmen, die vor der Pleite standen, dann aber den Turnaround geschafft und dabei Anlegern enorme Gewinne beschert haben. Dem heutigen Kultkonzern Apple gelang das Kunststück sogar vier Mal in den vergangenen drei Jahrzehnten, wobei bis zu 2900% Gewinn möglich waren. Selbstverständlich müssen potenzielle Turnaround-Aktien einer gründlichen Fundamentalanalyse unterzogen werden, um insolvenzgefährdete Unternehmen strikt auszusortieren. Nach der Identifizierung von potenziellen Turnarounds erfolgt die Wahl des besten Einstiegszeitpunkts dann mittels Technischer Analyse und Trendfolgestrategie. Dabei werden die Kursverläufe untersucht, um Bodenbildungsformationen zu erkennen. Kaufsignale liegen vor, wenn die charttechnischen Umkehrformationen abgeschlossen sind und der Wechsel in den Aufwärtstrend erfolgt, also die 200-Tage-Linie überkreuzt wird. Last but not least gilt es, das Risiko per Stop-Loss auf 10% des Kapitaleinsatzes zu begrenzen. Damit eröffnen Turnaround-Aktien immer ein Chance-Risiko-Verhältnis von 10:1 oder besser. Durch die sukzessive Anhebung der Stop-Loss-Marken können Sie dann beruhigt die Gewinne laufen lassen, um am Ende des Aufwärtstrends automatisch satte Kasse zu machen. Viel Erfolg!

Literatur

Graham, Benjamin: So wurde ich zum Lehrmeister der Wall Street, TM Börsenverlag, 1999

Graham, Benjamin: Intelligent Investieren, FinanzBuch Verlag, 2005

Horn, Stefan: Aktien-Einsteiger-Buch, TM-Börsenverlag, 2007

Kipp, Janne Jörg: Was Sie über Trendfolge wissen müssen, TM Börsenverlag, 2012

Kostolany, André: Die Kunst über Geld nachzudenken, Ullstein-Verlag, 2001

Kostolany, André: Der große Kostolany. Börsenseminar – Börsenpsychologie – Die besten Geldgeschichten, Ullstein-Verlag, 2003

Lowe, Janet: Die Graham-Methode. Benjamin Grahams Value-Investing Schritt für Schritt, TM Börsenverlag, 2009

Müller, Thomas; Lindner, Wolfgang: Das große Buch der Technischen Indikatoren, TM Börsenverlag, 2007

Schmidlin, Nicolas: Unternehmensbewertung und Kennzahlenanalyse: Praxisnahe Einführung mit zahlreichen Fallbeispielen börsennotierter Unternehmen, Books on Demand, 2011

Simmons, Richard; Pyka, Petra: Die Buffett-Methode. Warren Buffetts Anlagestrategie Schritt für Schritt, TM Börsenverlag, 1999

Weissenfeld, Horst und Stefan: Börsen-Gurus und ihre Strategien, TM Börsenverlag, 2000 (vergriffen)

Wittmer, Rudolf: Was Sie über Chartformationen wissen müssen, TM Börsenverlag, 2009 (vergriffen)

Index

200-Tage-Linie 115

A

Abschreibung 80
Abwärtstrend 110
Abwärtstrendgerade 111
Ad-hoc-Mitteilung 59
Ad-hoc-Publizität 59
adidas 28
Aktienanalyse 54
Aktienanalyse, fundamental 53, 55
Aktiva 61, 70
Amelio, Gil 46
Amtlicher Markt 59
Analyse, technisch 55
Analysteneinschätzung 8
Anhang 63
Anlagevermögen 61
Apple 40, 46, 49
Aufschwung 7
Aufwärtstrend 110
Aufwärtstrendgerade 111
Ausschüttungsquote 93

B

Balkenchart 108
Bankanalyst 53
Baruch, Bernard 12
Barwert 99
Basislinie 114
Berkshire Hathaway 15, 17
Big Mac 33
Big Mac Index 33
Bilanz 60
Bilanzgewinn 84
Bilanzierungstricks 65
Bilanzsumme 70
Bilanzverlust 84
Bodenbildungsphase 111, 112
Börsencrash 11
Börsenexzess 11
Börsenlegende 12
Börsenparkett 9
Bottom-Up-Ansatz 55, 56
Branchenanalyse 56, 103
Brutto-Cashflow 86
Bruttoergebnis 84
Buchwert 77
Buffett Partnership 15
Buffett, Warren 3, 12, 13, 15, 16, 54, 120

C

Cantalupo, Jim 35
Cashflow 84, 85, 99
Cashflow-Arten 86
Cashflow aus laufender Geschäftstätigkeit (operativer Cashflow) 86
Chance 7
Chance-Risiko-Verhältnis 117
Chartformation 112
charttechnisch 111
Cook, Tim 52

D

Dassler, Adolf 28
Dassler, Rudolf 28
Dodd, David L. 12
Depression 7

Discounted-Cashflow-Methode 98
Dividende 84
Dividendenpolitik 84
Dividendenrendite 93
Dogs of the Dow-Strategie 95
Dow, Charles Henry 106
Dow-Theorie 107
Durchschnitt, gleitend 115

E

EBIT 82
EBITA 82
EBITDA 83
Economic-Value-Added-Modell 97
Effizienzsteigerung 8
Eigenkapital 62
Eigenkapital, bilanziell 78
Eigenkapitalausstattung 72
Eigenkapitalquote 71
Eigenkapitalrendite 72, 88
Einkaufsmanagerindizes 103
Enterprise-Value-Ansatz 96
Entry Standard 58
Ergebnis, außerordentlich 62
Ergebnis der gewöhnlichen Geschäftstätigkeit 62

F

fairer Wert 12, 95, 99
Finanzanalyse 58
Finanzbericht 66
Finanzkennzahl 66
Fisher, Philip 16
Free Cashflow 86
Freiverkehr 58
Fremdkapital 62, 73
Fremdkapitalquote 73
Fundamentalanalyse 55
Fundamentalanalyse, quantitativ 58

G

Gates, Bill 47
GD200 115
General Motors 70
General Standard 59
Geschäftsbericht 58, 64
Gewinnausschüttung 94
Gewinnbegriff 81
Gewinnermittlungsschema 82
Gewinnpotenzial 117
Gewinnrealisierung 118
Gewinn- und Verlustrechnung (GuV) 62, 78
Globalanalyse 56
Globalanyanalyse 56
Graham, Benjamin 3, 12, 13, 14, 15, 16, 56, 95, 120
GuV 80

H

Haupttrend 107

I

iBook 48
ifo-Geschäftsklima-Index 103
iMac 48
Initial Public Offering (IPO) 43
innerer Wert 16, 56
Insolvenz 8
internationale Bilanzierungsvorschrift IFRS 65
intrinsic value 12
inverse oder umgekehrte Schulter-Kopf-Schulter-Formation 112
Investition 12
Investment 12
Investoren 11
iPads 51
iPhone 50
iPod 49
iTunes 49

J

Jobs, Steve 40, 41, 42, 43, 46, 52

K
Kapitalrisiko 73
Kaufsignal 111, 113
Kauftiming 112
Kerzenchart 108
KGV 90
Konjunkturanalyse 103
Konsolidierungsformation 112
Konzept, antizyklisch 24
Kostensenkungsprogramm 8
Kostolany, André 12, 20
Kostolany, Ei des 23
Krise 7
Kroc. Ray 33
Kurs-Buchwert-Verhältnis (KBV) 92
Kurs-Gewinn-Verhältnis (KGV) 90
Kurs-Gewinnwachstums-Verhältnis 91
Kurs-Umsatz-Verhältnis (KUV) 91

L
Lagebericht 64
Law, John 11
Lee, Tim Berners 47
Leverage-Effekt 88
Linienchart 108
Liquidität 74
Liquiditätsausstattung 76
Liquiditätsgrad 74

M
Mac OS X 47
Markt, reguliert 59
Marktwert 77
Maximalrisiko 117
McDonald's 32
Mehrfachtief 114
Microsoft 46, 47
Mister Market 13
Moore, Michael 35

N
Nackenlinie 113
Neill, Humphrey B. 11
Nelson, Samuel 106
Net-Nets 13
Nettoergebnis 84

O
Open Market 58

P
Passiva 70
Passivseite 62
PEG 91
Plan to Win 35
Point & Figure-Chart 108
Price-Earning-Ratio (PER) 90
Price Earnings to Growth Ratio 91
Primär-, Sekundär- und Tertiärtrends 107
Prime Standard 59
Psychologie an der Börse 21
Puma 28

R
Return on Equity 88
Reward-Risk-Ratio 117
Rezession 7
Risikomanagement 25
Risikominimierung 12
ROE 88
Rounding Bottom 115

S
Schlaftabletten-Zeit 23
Schnäppchenjäger 16
Schultz, Howard 37
Sculley, John 43, 45, 46
Seitwärtstrendkanal 111
Sell-off 113
Spekulation 12
Spindler, Michael 46
Starbucks 36
Stock Picker 18
Stop-Loss-Strategie 117
Substanzwert 78

T

Technische Aktienanalyse 106
Templeton, Sir John 12, 18, 108
Templeton Growth Fund 18
The Intelligent Investor 15
Top-Down-Analyse 56
Top-Down-Ansatz 55
Trendfolge-Strategie 115
Trendgeraden 109
Trendkanal 109, 111
Trendlinie 109, 118
Trendrichtung 110
Trendumkehr-Formationen 109
Trendverhalten 107
Trendwende 8
Turnaround 7
Turnaround-Aktien 25, 56, 109, 117
Turnaround-Einstieg 118
Turnaround-Kandidaten 67
Turnaround-Situation 53, 105

U

Übertreibung 11, 24
Umlaufvermögen 61
Umsatz 80
Umsatzrendite 87
Unternehmensanalyse 58
Unternehmenswert 97
Unterstützung 109
Untertassenformation 115

V

Value-Investor 13, 15, 16
Verbindlichkeit 73
Verkaufssignal 110
Verlustbegrenzung 117
Verlustbegrenzungsstrategie 25
Verschuldungsgrad 73
V-Formation 113

W

Wayne, Ronald 41
Wendepunkt 7
Wertberichtigung 80
Wertpapieranalyse 54
Widerstand 109
World Wide Web 47
Wozniak, Steve 40

Z

Zeitz, Jochen 31